मध्यकालीन एवं आधुनिक काव्य

मुम्बई विश्वविद्यालय बी.ए. द्वितीय वर्ष के लिए पाठ्यपुस्तक

सम्पादन

हिन्दी अध्ययन मंडल

अध्यक्ष

डॉ. विष्णु सरवदे

प्रोफेसर एवं अध्यक्ष
हिन्दी विभाग
मुम्बई विश्वविद्यालय

सदस्य

डॉ. मनप्रीत कौर

अध्यक्ष, हिन्दी विभाग
गुरु नानक महाविद्यालय
गुरु तेग बहादुर नगर
सायन, मुम्बई

सदस्य

डॉ. अनिल ढवले

अध्यक्ष, हिन्दी विभाग
के.जी. जोशी कॉलेज ऑफ आर्ट्स
एण्ड
एन.जी. बेडेकर कॉलेज ऑफ कॉमर्स
ठाणे

वाणी प्रकाशन

पाठ्यक्रम समिति

डॉ. सूरेन्द्र प्रसाद (समन्वयक)
डॉ. गौतम सोनकांबळे
डॉ. बालकवि सुरंजे
डॉ. संजय सिंह
डॉ. मृगेंद्र राय
डॉ. नंदगिरिकर
डॉ. अर्शद आवटे
डॉ. जयशंकर पाण्डेय
डॉ. मंगेश बंसोड

वाणी प्रकाशन

4695, 21-ए, दरियागंज, नयी दिल्ली 110 002

शाखा

अशोक राजपथ, पटना 800 004

फ़ोन : +91 11 23273167 फ़ैक्स : +91 11 23275710

www.vaniprakashan.in
vaniprakashan@gmail.com
sales@vaniprakashan.in

MADHYAKALEEN EVAM AADHUNIK KAVYA
Edited by Hindi Adhyayan Mandal

ISBN : 978-93-5229-748-1

प्रथम संस्करण

मूल्य : ₹ 50

सिटी प्रेस, दिल्ली-110 095 में मुद्रित

वाणी प्रकाशन का लोगो मक़बूल फ़िदा हुसेन की कूची से

भूमिका

हिन्दी काव्यधारा के विकास चरणों को आदिकाल, भक्तिकाल, रीतिकाल और आधुनिक काल यात्रा खण्डों में विभाजित किया गया है। युग विशेष में काव्य की विशेष प्रधान प्रवृत्ति को ही हिन्दी साहित्य के इतिहासकारों ने काल विभाजन का आधार माना है। जिस युग में जिस विषय पर अधिक काव्य रचना हुई है, उसके नाम पर युग का नामकरण भी कर दिया गया है। आदिकाल का युग संघर्ष का युग था, इसलिए इस युग की कविता में आवेश, प्रखरता, प्रचण्डता और ओजस्विता है। इस संघर्ष से पूर्व जन भाषाओं में भक्ति की चेतना बराबर जगती आयी है। हिन्दी की प्रारम्भिक कविता में यह धार्मिक चेतना भी मिलती है।

हिन्दी काव्यधारा आदिकाल के यात्राखण्ड को पार करने के पश्चात् मध्यकाल में प्रवेश करती है। इस युग में भक्ति का स्वर ही प्रमुख रहा, इसीलिए इसे भक्तिकाल नाम से भी पुकारा जाता है। निर्गुण काव्यधारा और सगुण काव्यधारा इस युग की प्रमुख धाराएँ हैं। ज्ञानमार्गी, प्रेममार्गी, कृष्णभक्ति, रामभक्ति, भक्ति युग की उपधाराएँ हैं। महात्मा कबीर ज्ञानमार्गी धारा के प्रवर्तक माने जाते हैं। यह धारा एक ओर धर्म के सहज, सरल और आडम्बरहीन रूप को प्रस्तुत करती है और दूसरी ओर हिन्दू-मुस्लिम एकता का प्रचार करती है। प्रेममार्गी शाखा के प्रवर्तक मुहम्मद जायसी रहे हैं। ज्ञान की अपेक्षा इन्होंने प्रेम को प्रधानता दी। श्री बल्लभाचार्य ने कृष्ण भक्ति के प्रचार के लिए पुष्टिमार्ग की स्थापना की। इनके पुत्र श्री विट्ठलनाथ ने अष्टछाप की स्थापना की। सूरदास अष्टछाप के प्रमुख कवि रहे हैं। इस धारा के सभी कवि श्रीकृष्ण के बाल रूप और रसिक-किशोर रूप का चित्रण कर अपने युग में फैले सन्त्रास-नैराश्य और वैषम्य को दूर करने का प्रयत्न करते हैं। राम भक्ति शाखा के प्रवर्तक श्री रामानन्द को माना जाता है और तुलसीदास इस धारा के अग्रणी कवि रहे हैं। तुलसीदास समाज और जन जीवन में फैल रहे

अनाचार को रोकने के लिए राम के ऐसे आदर्श रूप को प्रस्तुत करते हैं, जो व्यक्ति, परिवार, समाज और राजनीति में आदर्श मर्यादाओं की स्थापना करता है। जीवन के विरोधों में समन्वय का सन्देश देना तुलसीदास का ध्येय रहा है। उत्तर-मध्य काल हिन्दी काव्यधारा के विकास का अगला चरण है। इस युग को रीतिकाल अथवा शृंगार काल भी कहा जाता है। इस काल में काव्य रचना के विविध रूपों, काव्यांगों जैसे शब्द-शक्ति, रस, अलंकार, छन्द, नायिका भेद, नख-शिख भेद को लेकर काव्य रचनाएँ हुईं। इस युग में शृंगार के स्वर की प्रधानता रही। ऐसे कवि जिन्होंने लक्षण ग्रन्थों को नहीं लिखा परन्तु उनके उदाहरणों की रचना की, रीतिबद्ध काव्यधारा के कवि माने जाते हैं। बिहारी ऐसे ही कवि रहे हैं। जिन कवियों ने रीति अथवा काव्यांगों का विवेचन किया वे भी इसी धारा में आते हैं। रीतिमुक्त काव्यधारा में वे कवि आते हैं, जो रीति काव्य के प्रभाव से मुक्त होने का प्रयत्न करते हैं। ये कवि काव्य लेखन की परम्परागत रूढ़ियों और बन्धनों को तोड़ते हैं। आलम, घनानंद ऐसे ही कवि रहे जो स्वतन्त्र रूप में शृंगार काव्य की रचना करते हैं।

आधुनिक काल हिन्दी काव्यधारा का अगला विकास चरण है। इसे नवजागरण काल भी कहा जाता है। इस काव्यधारा में भी आधुनिक हिन्दी कविता अनेक उपधाराओं में बँट जाती है। भारतेन्दु युग के कवियों में भारतेन्दु हरिश्चन्द्र प्रबल व्यक्ति थे। इन्होंने इस युग को प्राणदान दिया। सामाजिक, सांस्कृतिक और राष्ट्रीय जागरण का स्वर इस युग की कविता में मिलता है। जगमोहन सिंह, पं. बदरीनारायण, अम्बिकादत्त व्यास इस युग के प्रमुख कवि रहे हैं। महावीर प्रसाद द्विवेदी के नाम पर द्विवेदी युग का नामकरण हुआ है। यह युग सांस्कृतिक और राष्ट्रीय आन्दोलनों का रहा है। द्विवेदी युग में राष्ट्रीयता का उन्मेष अत्यन्त प्रबल हो उठता है। अहिंसा, सत्याग्रह, हरिजन उद्धार, ग्राम सुधार, स्वदेशी आन्दोलन, सविनय अवज्ञा आन्दोलन का प्रभाव इस युग की कविता पर पड़ता है। श्रीधर पाठक, रामनरेश त्रिपाठी, अयोध्या सिंह उपाध्याय, मैथिलीशरण गुप्त, माखन लाल चतुर्वेदी इस युग के प्रमुख कवि रहे हैं। छायावाद ऐसी काव्यधारा है, जिसमें कवि सोचने, कहने, लिखने की सभी प्राचीन परम्पराओं से मुक्त होकर अपने आन्तरिक ज्वार को नयी भाषा शैली में अभिव्यक्त करता है। जब यह समाज कवि की उपेक्षा करता है तब कवि इस निर्मम संसार से भाग कर प्रकृति की गोद में जाता है। प्रकृति की छाया में कवि को ममता, प्रेम और आत्मीयता मिलती है। जयशंकर प्रसाद, सूर्यकान्त त्रिपाठी निराला, सुमित्रानन्दन पन्त, महादेवी वर्मा इस काव्यधारा के प्रमुख कवि रहे हैं।

राष्ट्रीय सांस्कृतिक कविता का हिन्दी में विशेष स्थान रहा है। नवछायावाद में छायावाद का कुछ रूप तो देखा जा सकता है, लेकिन छायावादोत्तर काल में एक नयी काव्य चेतना दिखाई देती है। बालकृष्ण शर्मा 'नवीन', सोहन लाल द्विवेदी, रामधारी सिंह दिनकर, शिवमंगल सिंह 'सुमन' आदि कवियों ने अपनी कविता में शोषण के विरुद्ध गर्जन-तर्जन किया है। प्रगतिवादी कवि दीनों, दलितों, मजदूरों, किसानों, खलिहानों, सड़कों, झोंपड़ियों, कुटियाओं के दुःख-दैन्य और पूँजीपतियों के शोषण का चित्रण करते हैं। रामेश्वर शुक्ल 'अंचल', मुक्तिबोध, नागार्जुन, शमशेर बहादुर सिंह, केदारनाथ अग्रवाल, रामविलास शर्मा, त्रिलोचन प्रगतिवादी काव्यधारा के प्रमुख कवि हैं। इसके अतिरिक्त रांगेय राघव, महेन्द्र भटनागर, सुदर्शन, राजीव सक्सेना आदि कवियों ने भी प्रगतिवादी काव्य को समृद्ध किया है।

ऐसी काव्यधारा जो कविता के क्षेत्र में नये-नये प्रयोग कर रही है, छायावादी-प्रगतिवादी कविता से हट कर नयी दिशाओं और नये क्षेत्रों का उन्मेष करती है, इसे प्रयोगवादी या नयी कविता कहते हैं। प्रयोगवादी कवि अपनी बात सर्वथा नये ढंग से कहने का, नये अलंकारों, प्रतीकों, छन्दों के माध्यम से व्यक्त करने का संकल्प लेकर चलते हैं। सन् 1943 में तार सप्तक के प्रकाशन से अज्ञेय प्रयोगवाद को अस्तित्व में लाये। स्वतन्त्रता प्राप्ति के बाद यही प्रयोगवाद नयी कविता के रूप में सामने आता है। अज्ञेय ने ही दूसरा सप्तक, तीसरा सप्तक, चौथा सप्तक प्रकाशित किया। तार सप्तक का संशोधित संस्करण भी निकाला। नयी कविता के कवि जीवन की नयी-नयी दिशाओं से अपनी अनुभूति बटोर कर उसे नये-नये प्रतीकों, बिम्बों में अभिव्यक्त करते हैं। आज का आलोचक जब कविता के मूल स्वर को पकड़ने में असमर्थ हो जाता है तब कवि स्वयं ही आलोचक बन जाता है। अपने वक्तव्य देता है, समीक्षा करता है। अज्ञेय, गिरिजा कुमार माथुर, धर्मवीर भारती, भवानी प्रसाद मिश्र, नरेश मेहता, प्रभाकर माचवे, नेमिचन्द्र जैन आदि इस काव्यान्दोलन के कवि रहे हैं। नयी कविता का विकास अकविता, ठोस कविता, साठोत्तरी कविता और समकालीन कविता के रूप में हुआ है।

साठोत्तरी समकालीन कविता का विकास सन् 1960 के पास आकर बाह्य परिवेशगत घटनाओं के प्रभाववश एक ऐसी दिशा में हुआ कि अपने परिवर्तित स्वभाव के कारण इस कविता की पहचान साठोत्तरी कविता के नाम से की जाने लगी। इस नवीन मोड़ का साथ नयी कविता धारा के कवियों जैसे रघुवीर सहाय, श्रीकान्त वर्मा, सर्वेश्वर दयाल सक्सेना, विजयदेव नारायण साही

तथा दुष्यन्त कुमार ने भी दिया। साठोत्तरी कविता की शुरुआत सन् 1963 में जगदीश चतुर्वेदी द्वारा सम्पादित मानी गयी है। इस संकलन में चौदह कवियों की रचनाएँ थीं। प्रारम्भ के बाद गंगा प्रसाद विमल, जगदीश चतुर्वेदी और श्याम परमार ने विजय नाम से अपना संयुक्त संकलन निकाला। दिल्ली और ग्वालियर से अकविता नाम से दो अनियतकालीन पत्रिकाएँ निकालीं। अकविता, दिगम्बर कविता, भूखी पीढ़ी की कविता, श्मशानी पीढ़ी की कविता, विद्रोही पीढ़ी की कविता, अस्वीकृत कविता, पराजित पीढ़ी की कविता नाम से अनेक काव्यान्दोलन खड़े हुए। सातवें दशक की कविता का यह विद्रोह जैसे उठा था वैसे ही खत्म हो गया। युवा कविता की जनवादी धारा के कवियों में धूमिल, विमल, वेणु गोपाल, विजेन्द्र, ज्ञानेन्द्रपति, राजेश जोशी, उदय प्रकाश, अरुण कमल, रमेश रंजक, कुमार विकल, अशोक चक्रधर आदि का नाम लिया जा सकता है।

साठोत्तरी-समकालीन काव्यान्दोलन के समानान्तर, नव्यतर गीति काव्य भी लिखा गया है। शमशेर बहादुर सिंह, गिरिजा कुमार माथुर, नरेश मेहता, धर्मवीर भारती, सर्वेश्वर दयाल सक्सेना, केदारनाथ सिंह तथा कीर्ति चौधरी ने गीत रचना की। नव्य गीत के माध्यम से अपने समय की चेतना को जगाये रखने का काम किया। केदारनाथ अग्रवाल, नागार्जुन, शम्भूनाथ सिंह, गोपाल दास नीरज, रामावतार त्यागी, वीरेन्द्र मिश्र, रामदरश मिश्र, रवीन्द्र भ्रमर, चन्द्रदेव सिंह, ओम प्रभाकर, सोम ठाकुर, हरीश भादानी आदि नये-पुराने गीतकारों ने गीत विधा को समृद्ध किया।

सारांश रूप में कहा जा सकता है कि आधुनिक काल में युग परिवर्तन के साथ-साथ हिन्दी कविता ने रूप, वेश और कथ्य में नवीन भूमियाँ अपनायीं तथा भाषा-अभिव्यक्ति को भी नवीन से नवीन तेवर मिला। इस संकलन में हिन्दी काव्यधारा के सभी प्रतिनिधि रंगों को सरल कविताओं द्वारा प्रस्तुत करने का प्रयास किया गये है।

अन्त में बस इतना ही कहना चाहेंगे कि कविता का सीधा सम्बन्ध मनुष्य की संवदेनशीलता तथा उसके हृदय पक्ष से होता है। वर्तमान दौर में समय और समाज के दवाब से संवेदनाएँ जड़ ही नहीं, कुंठित होती जा रही हैं। ऐसे में युवा विद्यार्थियों की संवेदनशीलता को बचाए और बनाये रखने के लिए, साथ ही अपनी साहित्यिक और सांस्कृतिक विरासत से परिचित कराने में यह काव्य संकलन महत्त्वपूर्ण भूमिका निभाएगा यह विश्वास सम्पादन मंडल के सभी सदस्यों को है। जिन कवियों की रचनाएँ इस संग्रह में शामिल हैं उन सबके प्रति हिन्दी अध्ययन मंडल कृतज्ञ है।

–हिन्दी अध्ययन मंडल

अनुक्रम

कबीरदास

निर्गुण भक्ति धारा के ज्ञान मार्गी सन्त कबीरदास को हिन्दी में निर्गुण भक्ति धारा का प्रवर्त्तक माना गया है। कबीरदास अपने जमाने के बहुत सम्मानित व्यक्ति थे। निर्गुण सम्प्रदाय के प्रायः सभी समकालीन और परवर्तियों ने इन्हें अपना गुरु माना है और बहुत आदर से याद किया है। कहते हैं कि गुरु रामानन्द ने भूल के कारण एक विधवा ब्राह्मणी को पुत्रवती होने का आशीर्वाद दे दिया था। कबीरदास का जन्म उसी विधवा ब्राह्मणी के गर्भ से हुआ था। विधवा ब्राह्मणी के गर्भ से जन्म में विश्वास करने वाले भी कहते हैं कि उक्त ब्राह्मणी समाज भय से नवजात शिशु को लहर तारा तालाब पर फेंक आयी थी। वहाँ से लाकर नीरू और नीमा नाम के जुलाहा दम्पति ने इनका पालन-पोषण किया था। कबीर सम्प्रदाय में माना जाता है कि कबीरदास का जन्म संवत् 1456 (सन् 1399) की ज्येष्ठ पूर्णिमा को हुआ और उस दिन सोमवार था—

चौदह सौ पचपन साल गये चन्द्रवार एक ठाठ ठए।
जेठ सुदी बरसायत को पूरनमासी प्रकट भए।

इनकी पत्नी का नाम लोई तथा पुत्र एवं पुत्री का नाम कमाल और कमाली था। बचपन से ही बालक कबीर को साधु सन्तों की टोली में रहने तथा घूमने की आदत लग गयी थी। कबीर भ्रमण शील सन्त थे। आचार्य रामानन्द को ये अपना गुरु मानते थे। कबीर का जन्म राजनैतिक उथल-पुथल और भयंकर अराजकता के युग में हुआ था। तैमूरलंग के आक्रमणों से दिल्ली की सत्ता बिखर गयी थी। अन्ततः बाबर ने दिल्ली में अधिकार जमाया और मुगल साम्राज्य की नींव रखी। धार्मिक दृष्टि से नवागत इस्लाम के साथ ही विभिन्न भारतीय धर्म सम्प्रदायों में संघर्ष शुरू हो चुका था। धर्म के नाम पर कर्मकाण्ड और कुरीतियों का बोलबाला था। जाति भेद कबीरदास को पसन्द नहीं रहा। ये आजीवन हिन्दू-मुसलमान के भेद की मान्यता का खण्डन करते रहे। इनके स्वतन्त्र विचारों के प्रचार के कारण ही कट्टर मुसलमान शासक सिकन्दर लोदी ने इन्हें कई यातनाएँ दीं। संवत् 1575

(सन् 1518 ई.) में मगहर में इनकी मृत्यु हुई। शरीर छोड़ने के बाद ये हिन्दुओं और मुसलमान दोनों जातियों के समाज में समान आदर के पात्र बन गये। कबीर की रचनाओं का सम्पादन 'कबीर वाणी' तथा 'कबीर ग्रन्थावली' नाम से किया गया है। बीजक में भी इनकी वाणी संगृहीत है। साखी, सबद और रमैनी इनकी काव्य रचनाएँ हैं। कबीर सम्प्रदाय में बीजक को सबसे अधिक मान्यता दी जाती है। गुरु ग्रन्थ साहब में संकलित कबीर वाणी को भी प्रामाणिक माना जाता है। कबीरदास ने अपनी कविता में पद शैली, रमैनी शैली और साखी शैली का उपयोग किया है। पदों को सन्त सम्प्रदायों में सबद कहा जाता है। सबद, शबद या शब्द गेय पद हैं, जिन्हें विभिन्न राग-रागनियों में विभाजित किया गया है। बीजक सम्प्रदाय ग्रन्थ है, इनके पदों में ज्ञान प्रधानता और आक्रामकता अधिक है। रमैनियाँ चौपाई दोहा छन्द के मेल से या केवल चौपाई छन्द में लिखी गयी हैं। साखियाँ दोहा छन्द में लिखी गयी हैं। साखी का अर्थ है साक्षी अर्थात् गुरु के उपदेश। कबीर अपने वर्तमान के प्रति पूर्णतः जाग्रत चेतना वाले व्यक्ति थे। उन्होंने जीवन और जगत के यथार्थ को खुली आँखों से देखा था। उन्होंने अनुभव किया कि झूठी बातों को सच मानकर लोग उनमें बेबस की तरह उलझ रहे हैं। धर्म और दर्शन, वर्ण और आश्रय, ऊँच और नीच, ब्राह्मण और शूद्र, वेद और शास्त्र, तप और तीर्थ, व्रत और पूजा, धन और यौवन के मद में सारा संसार मतवाला है। मनुष्य सिद्धान्त और व्यवहार के दोहरे स्तरों पर जीता है। व्यक्ति की कथनी और करनी में भेद है। लोग जानबूझ कर सच्चाई को छोड़ देते हैं और झूठ से जुड़े रहते हैं। कबीर ने अपने काव्य में इस सच्चाई को खोलकर सामने रखा है।

कबीर के काव्य में ज्ञान मार्गी निर्गुण भक्ति तथा प्रेम मार्गी वैष्णव भक्ति का संगम देखने को मिलता है। कबीर ने वैष्णवों की प्रशंसा करते हुए लिखा है—

साकत बामन न मिले, वैष्णों मिले चण्डाल।
अकमाल दे भेंटिए, मानों मिले गोपाल।।

कबीर के काव्य में खण्डन-मण्डन का स्वर पर्याप्त तीव्र है। भारतीय समाज उस समय जात-पाँत के कठोर बन्धन में जकड़ा हुआ था। कबीर ने इस सामाजिक बुराई पर प्रहार किया—

जाति-पाँति पूछे नहीं कोय, हरि को भजे सो हरि का होय।

कबीर ने मूर्ति पूजा का भी विरोध किया। मूर्ति पूजा की आड़ में पण्डित लोग भोली-भाली जनता को लूटते हैं—

पाहन पूजे हरि मिले, तो मैं पूजूँ पहाड़
ताते यह चक्की भली, पीस खाए संसार

कबीर ने हिन्दू धर्म की बुराइयों के साथ-साथ मुस्लिम धर्म की कुरीतियों पर भी प्रहार किया–

कांकर पाथर जोड़ि के मस्जिद लई बनाय
ता चढ़ि मुल्ला बांग दे, क्या बहरा हुआ खुदाय

कबीर मन की शुद्धता पर बल देते रहे हैं। शरीर पवित्र तभी होता है, जब व्यक्ति का मन भी साफ हो–

माला फेरत जुग भया, फिरा न मन का फेर
कर का मनका डारि के मन का मनका फेर

कबीर मानते हैं कि परमात्मा एक ही है। हर प्राणियों की आत्मा में परमात्मा की शक्ति का अंश विद्यमान रहता है। व्यक्ति की मृत्यु के बाद जीवात्मा पुनः परमात्मा में मिल जाती है–

कुंभ में जल है, जल में कुंभ बाहर भीतर पानी
फूटा कुंभ जल जलहि समाना, यह तथ्य कहौ ग्यानी

जीवात्मा परमात्मा से मिलने को हमेशा व्याकुल रहती है। जीवात्मा का जब परमात्मा से मिलन हो जाता है, इस स्थिति में जीवात्मा को चारों ओर भगवान की लीला ही लीला दिखलाई पड़ती है–

लाली मेरे लाल की, जित देखूँ तित लाल
लाली देखन मैं गयी मैं भी हो गयी लाल

कबीर मूलतः भक्त हैं और उनके काव्य में विरहणी आत्मा की करुण पुकार सर्वत्र गूँजती है। अक्खड़ कबीर अपने राम के पीछे-पीछे कुतिया बनकर चलते हैं। अपने राम के दर्शन पाने के लिए उनकी आत्मा पुकार उठती है–

या विरहणी की मीचु दे, या आपा दिखराय
आठ पहर का दांपना, मो पे सहा न जाय

भक्ति के क्षेत्र में कबीर का अकेलापन हृदय द्रावक है–

सुखिया सब संसार है, खाये अरु सोबै।
दुखिया दास कबीर है, जागे अरु रोवे।

अपने काव्य के लिए कबीरदास ने जिस भाषा का प्रयोग किया. उसका मूल ढाँचा ब्रज, राजस्थानी, खड़ी बोली, अवधी, गुजराती और पंजाबी के तत्त्वों से निर्मित है। कबीर की भाषा को सधुक्कड़ी, खिचड़ी तथा पंचमेल भाषा कहा जाता है। इन्होंने मुहावरों और लोकोक्तियों का प्रयोग भी अपनी काव्य भाषा में किया है। संगीतात्मकता, सहजता और प्रेषणीयता इनके काव्य की विशेषता है। आचार्य हजारी प्रसाद द्विवेदी ने इन्हें वाणी का डिक्टेटर कहा है।

कबीरदास के दोहे

सतगुर महिमा अंग

निस अँधियारी कारणैं, चौरासी लख चंद।
अति आतुर ऊदै किया, तऊ दिष्टि नहिं मंद ॥1॥

सतगुरु की महिमा अनँत, अनँत किया उपगार।
लोचन अनँत उघाड़िया, अनँत दिखावणहार ॥2॥

दीपक दीया तेल भरि, बाती दई अघट्ट।
पूरा किया बिसाहूणाँ, बहुरि न आँवौं हट्ट ॥3॥

बलिहारी गुर आपणैं, द्यौं हाड़ी कैं बार।
जिनि मानिष तैं देवता, करत न लागी बार ॥4॥

सतगुरु लई कमाँण करि, बाँहण लागा तीर।
एक जु बाह्या प्रीति सूँ, भीतरि रह्या सरीर ॥5॥

सुमिरन भजन महिमा कौ अंग

कबीर सूता क्या करै, जागि न जपै मुरारि।
एक दिनाँ भी सोवणाँ, लम्बे पाँव पसारि ॥6॥

तूँ तूँ करता तूँ भया, मुझ मैं रही न हूँ।
वारी फेरी बलि गई, जित देखौं तित तूँ ॥7॥

च्यंता तौ हरि नाँव की, और न चिन्ता दास।
जे कछु चितवैं राम बिन, सोइ काल कौ पास ॥8॥

कबीर निरभै राम जपि, तब लग दीवै बाति।
तेल घट्या बाती बुझी, (तब) सोवैगा दिन राति ॥9॥

जिहि हरि जैसा जाणियाँ, तिन कूँ तैसा लाभ।
ओसों प्यास न भाजई, लब जग धसै न आभ ॥10॥

भली भई जो गुर मिले, नहिं तर होती हानि।
दीपक ज्योति पतंग ज्यों, पड़ता पूरी जानि ॥11॥

सूरदास

सगुण भक्ति शाखा के कृष्णमार्गी भक्त सूरदास के सम्बन्ध में बहुत कम ज्ञात हो सका है। महाप्रभु वल्लभाचार्य के पौत्र गोकुलनाथ कृत चौरासी वैष्णवन की वार्ता तथा सूरदास कृत सूरसारावली और साहित्य लहरी के आधार पर आचार्य रामचन्द्र शुक्ल ने इनका जन्म समय संवत् 1540 (सन् 1478 ई.) और मृत्यु संवत् 1620 (सन् 1589 ई.) स्वीकार की है। कुछ विद्वान सूरदास का जन्म स्थान रुनकता (रेणुका क्षेत्र) मानते हैं। इनके माता-पिता के सम्बन्ध में प्रामाणिक रूप से कुछ नहीं कहा जा सकता। इनकी जाति पर भी मतभेद है। कुछ विद्वान इन्हें ब्रह्मभाट तथा कुछ सारस्वत ब्राह्मण मानते हैं। इसी तरह कुछ विद्वान इन्हें विवाहित और कुछ अविवाहित मानते हैं। सूरदास के अन्धत्व को लेकर भी पर्याप्त मतभेद रहा है। जन्मान्ध कवि द्वारा सांसारिक पदार्थों का ऐसा सुन्दर एवं मार्मिक चित्रण अलौकिक प्रतिभा अथवा भागवत कृपा से ही सम्भव है। हजारी प्रसाद द्विवेदी का मानना है कि सूर जन्मान्ध नहीं थे। शायद ये बाद में अन्धे हुए। प्रकृति के विविध रंग-रूपों और बालकों तथा युवा-युवतियों की विभिन्न सूक्ष्मतम मुद्राओं एवं चेष्टाओं का सूर ने जिस सूक्ष्मता से चित्रण किया है, कोई अन्धा व्यक्ति नहीं कर सकता। इतना स्पष्ट है कि संवत् 1567 में गऊघाट पर जब वे आचार्य वल्लभ से मिले थे और उनसे दीक्षा ग्रहण की थी, तब वे अन्धे थे।

सूरदास घर-बार छोड़कर गाँव के बाहर पीपल के नीचे बैठकर शकुन विचार करते और भगवत भजन में लीन रहते। आगरा और मथुरा के बीच गऊघाट में निवास करते हुए इनकी भक्ति और गायन की ख्याति इतनी फैली कि मथुरा जाते समय स्वयं महाप्रभु इनसे मिलने आये। महाप्रभु वल्लभाचार्य की आज्ञा से श्रीनाथ जी के मन्दिर में भजन कीर्तन करने लगे। यहाँ की गायक मण्डली में गायक थे। ये अष्टछाप के नाम से प्रसिद्ध रहे हैं। इन सब में सूरदास का नाम सर्वोपरि रहा है। सूरदास मुख्य रूप से स्नेह, वात्सल्य, ममता और प्रेम के कवि रहे हैं। वात्सल्य रस का तो इन्हें अवतार माना गया है। सूर जैसा बाल मनोविज्ञान

का ज्ञाता एवं उस अनुभव ज्ञान को गीतों में साकार करने वाला अन्य कोई कवि नहीं है। भ्रमर गीत इनका सर्वश्रेष्ठ विरह एवं उपालम्भ काव्य माना गया है। सूरसागर, साहित्य लहरी एवं सूरसारावली इनकी काव्य रचनाएँ हैं।

सूरदास की अक्षय कीर्ति का आधार सूरसागर है। सूरसागर में सवा लाख पद थे परन्तु उपलब्ध सूरसागर में पाँच हजार पद ही मिलते हैं। इसमें कुल बारह स्कन्ध (अध्याय) हैं। सूर प्रेम के कवि हैं। बच्चे का प्रेम, माता-पिता का प्रेम, बच्चों का पारस्परिक प्रेम, बच्चे-बच्चियों का प्रेम, युवा-युवती का प्रेम, पालित-अपालित पशु-पक्षियों के प्रेम तथा प्रकृति प्रेम का चित्रण प्रस्तुत करने में सूरदास ने अपनी प्रतिभा का अनोखा परिचय दिया है। सूर रूप के कवि हैं। सूर लीला के कवि हैं। रूप और लीला का मूल प्रयोजन सूरदास प्रेम को मानते हैं। अतः प्रेम के अनेक रूप और रंग सूर के काव्य में मिलते हैं। गऊघाट पर रहते हुए ये विनय के पदों की रचना करके उन्हें गाया करते थे, जिनमें सगुण ब्रह्म की महत्ता और अपनी लघुता की बहुत ही भाव-प्रवण अभिव्यक्ति उन्होंने की है। पुष्टिमार्ग में दीक्षित होने के बाद सूरदास ने जिन पदों की रचना की उनके केन्द्रीय विषय वात्सल्य, सख्य और माधुर्य प्रेम के अप्रतिम उदाहरण हैं—

जसादो हरि पालने झुलावै
लहरावे, दुलरावै, मल्हावे जोई सोई कछु गावै।

कृष्ण जब बड़े हो गये और शरारतें करने लगते हैं तब पकड़े जाने पर बहाने बनाते हैं—

मैया मोहीं, मैं नहीं माखन खायो
ग्वाल-बाल बैर पड़े हैं सब, बरबस मुख लपटायो।

बच्चों के प्रति बड़ों के और बच्चों के प्रति बच्चों के सहज मानवीय प्रेम की जितनी यथार्थ और हृदय स्पर्शी अनुभूति सूर के काव्य में अभिव्यक्त हुई है, उतनी सहज और व्यापक अनुभूति अन्यत्र उपलब्ध नहीं है। बच्चा कैसे बढ़ता-पलता है, कैसे सोता-जागता है, कैसे रूठता-मचलता है, कैसे झूठ बोलता है, कैसे बहाने बनाता है, कैसे एक-दूसरे से मिलकर नित नयी शरारतें करता है, कैसे आपस में खेलता-झगड़ता है, इनके एक से बढ़कर एक हजारों मनोहर चित्र सूरदास के बाल-लीला के पदों में भरे पड़े हैं। सूरकाव्य में माधुर्य प्रेम का भी अत्यन्त विशद और व्यापक रूप देखने की मिलता है। बचपन से एक साथ खेलने-कूदने वाले बालक-बालिका जब बड़े हो जाते हैं तो उनमें आपस में कैशोर प्रेम की अनुभूति जगने लगती है। इसकी बड़ी ही मनोहारी झाँकी हमें पनघट लीला, दान लीला, मान लीला, रास लीला, चीर हरण लीला और भ्रमर गीत प्रसंग में मिलती है।

संयोग वर्णन हो या वियोग वर्णन सूर काव्य की यह कोई क्षणिक घटना नहीं है बल्कि प्रेममय जीवन की एक गहरी एवं प्रवहमान धारा है, जिसमें डुबकियाँ लगाने वालों को दिव्य माधुर्य के अतिरिक्त और कहीं कुछ नहीं दिखाई पड़ता है। सूरसागर निश्चय ही बाल चेष्टाओं का विश्वकोश है। रसराज शृंगार का चित्रण लीला-पदों और भ्रमर गीत में हुआ है। सूर की गोपियों का विरह इतना मार्मिक है कि प्रकृति भी उनके साथ रोती है।

साहित्य लहरी में राधा-कृष्ण की लीला का वर्णन है। यह अलंकार तथा नायिका भेद का ग्रन्थ है। इसमें अनेक दृष्टिकूट पद हैं। सूर सारावली में 1103 पद हैं। इसमें कृष्ण चरित के विविध पक्षों को उद्घाटित किया गया है। सूरदास की शक्ति का आधार उनकी भाषा है। बोल-चाल की भाषा का काव्यात्मक प्रयोग सबसे पहले सूरदास में ही दिखाई देता है। सूरदास ने बोल-चाल की ब्रज भाषा का प्रयोग किया है। चित्रात्मकता, बिम्बात्मकता और सहजता सूर की काव्य भाषा के अंगभूत तत्व हैं। शब्द-स्पर्श-रूप-रस और गन्ध के बिम्बों की भरमार सूरदास के पदों में मिलती है। ब्रज भाषा के लय और प्रवाह की, मुहावरों और लोकोक्तियों की अक्षय निधि सूर के काव्य में पग-पग पर बिखरी दिखाई पड़ती है। हजारी प्रसाद द्विवेदी के शब्दों में सूरदास जब अपने प्रिय विषय का वर्णन शुरू करते हैं तो मानों अलंकार शास्त्र हाथ जोड़कर उनके पीछे-पीछे दौड़ा करता है, उपमाओं की बाढ़ आ जाती है, रूपकों की वर्षा होने लगती है। पन्ने पर पन्ने पढ़ते जाइए; केवल उपमाओं और रूपकों की छटा, अन्योक्तियों का ठाट, लक्षणा और व्यंजना का चमत्कार—यहाँ तक कि एक ही चीज दो-दो, चार-चार, दस-दस बार तक दुहराई जा रही है, फिर भी स्वाभाविक और सहज प्रवाह कहीं भी आहत नहीं होता है। संगीतात्मकता सूर काव्य की एक बड़ी शक्ति है। संगीत के प्रवाह में कवि अपने साथ पाठक एवं श्रोता को बहाए ले जाता है। अतः स्पष्ट है कि सूरदास का हिन्दी काव्य जगत में महत्त्वपूर्ण स्थान है।

सूरदास के पद

अविगत गति कछु कहत न आवै।
ज्यों गूँगेहि मीठे फल को रस अन्तरगत ही भावै ॥
परम स्वाद सब ही जु निरन्तर अमित तोष उपजावै।
मन बानी को अगम अगोचर सो जानै जो पावै ॥
रूप रेख गुन जाति जुगुति बिनु निरालम्ब मन चकृत धावै।
सब विधि अगम विचारहिं तातें 'सूर' सगुन लीला पद गावै ॥1॥

हरि सों मीत न देखौं कोई।
अन्तकाल सुमिरत तेहि अवसर आनि प्रतिच्छो होई ॥
ग्राह गहे गजपति मुकरायो हाथ चक्र लै धायो।
तजि बैकुंठ गरुड़ तजि श्री तजि निकट दास के आयो ॥
दुरबासा को साप निवार्‌यो अंबरीष पति राखी।
ब्रह्मलोक परयंत फिर्‌यो तहँ देव मुनीजन साखी ॥
लाखागृह तें जरत पांडु-सुत बुधि बल नाथ उबारे।
'सूरदास' प्रभु अपने जन के नाना त्रास निवारे ॥2॥

गोविन्द प्रीति सबन की मानत।
जो जेहि भाय करै जन सेवा अन्तरगत की जानत ॥
बेर चाखि कटु तजि लै मीठे भिलनी दीनों जाय।
जूठन की कछु शंक न कीन्हीं भक्ष किये सद भाय ॥
सन्तन भगत मीत हितकारी स्याम बिदुर के आये।
प्रेम बिकल बिदुराइन अरपित कदली छिलका खाये ॥
कौरव काज चले ऋषि सापन साग के पात अघाये।
'सूरदास' करुना-निधान प्रभु जुग-जुग भगत बढ़ाये ॥3॥

और न जानै जन की पीर।
जब जब दीन दुखित भये, तब तब कृपा करी बल-बीर ॥
गज बलहीन विलोकि चहूँ दिसि तब हरि सरन परो।
करुना-सिन्धु दयाल दरस दै सब सन्ताप हरो ॥
मागध मथो, हरो नृप बन्धन, मृतक विप्र-सुत दीनो।
गोपी गाय गोपसुत लगि प्रभु सात द्यौस गिरि लीनो ॥
श्रीनृसिंह बपु धारि असुर हति भगत-बचन प्रतिपारो।
सुमिरत नाम द्रुपद-तनया कहँ पट समूह तन धारो ॥
मुनि मद मेटि दास ब्रत राख्यो अंबरीष हितकारी।
लाखागृह में शत्रु सैन ते पांडव विपति निवारी ॥
बरुणपास ब्रजपति मुकराये दावानल दुख टारो।
श्री बसुदेव देवकी के हित कंस महा खल मारो ॥
सोइ श्रीपति जुग जुग सुमिरन बस बेद बिसद जग गावै।
असरन-सरन 'सूर' जाँचत है कोऊ सुरति करावै ॥4॥

जैसें तुम गज कौ पाउँ छुड़ायौ।
अपने जन कौं दुखित जानि कै पाउँ पियादे धायौ ॥
जहँ जहँ गाढ़ परी भक्तिन कौं तहँ तहँ आपु जनायौ।
भक्ति हेत प्रहलाद उबार्‌यौ द्रौपदि चीर बढ़ायौ ॥
प्रीति जानि हरि गये बिदुर कैं नामदेव घर छायौ।
सूरदास द्विज दीन सुदामा तिहिं दारिद्र नसायौ ॥5॥

स्याम भजन बिनु कौन बड़ाई?
बल विद्या धन धाम रूप गुन और सकल मिथ्या सौं जाई ॥
अंबरीष प्रहलाद नृपति बलि महा ऊँच पदवी तिन पाई।
गहि साँरग रन रावन जीत्यौ लंक विभीषन फिरी दुहाई ॥
मानी हार बिमुख दुरजोधन जाके जोधा हे सौ भाई।
पांडव पाँच भजे प्रभु चरननि रनहि जिताए हैं जदुराई ॥
राज रवनि सुमिरे पति कारन असुर बंदि तैं दिए छुड़ाई।
अति आनन्द सूर तिहि औसर कीरति निगम कोटि सुख पाई ॥6॥

मोहन के मुख ऊपर वारी।
देखत नैन सबै सुख उपजत बार बार तातैं बलिहारी ॥
ब्रह्मा बाल बछरुवा हरि गयौ सो ततछन सारिखे सँवारी।
कीन्हौं कोप इन्द्र बरषारितु लीला लाल गोवर्धन धारी ॥
राखी लाज समाज माहिं जब नाथ-नाथ द्रौपदी पुकारी।
तीनि लोक के ताप निवारन सूर स्याम सेवक सुखकारी ॥7॥

तुलसीदास

गोस्वामी तुलसीदास की जीवनी से सम्बद्ध सूचनाएँ बहुत कम मिलती हैं। इन्होंने अपने बचपन के कष्टों, भयंकर गरीबी, अन्न के लिए द्वार-द्वार भटककर की जाने वाली भिक्षा वृत्ति का उल्लेख अवश्य किया है। जनश्रुति के आधार पर गोस्वामी तुलसीदास का जन्म संवत् 1589 (सन् 1532 ई.) और मृत्यु संवत् 1680 (सन् 1623 ई.) में हुई मानी जाती है। इनके जन्म स्थल के विषय में सोरों, राजापुर और अयोध्या स्थलों की चर्चा होती है। इनकी मृत्यु संवत् 1680 में श्रावण कृष्ण तृतीया शनिवार को काशी में अस्सी घाट पर हुई थी।

तुलसीदास का जन्म का नाम रामबोला बताया जाता है। राजापुर में इनकी जन्मभूमि मानने वाले इनके पिता का नाम आत्माराम दुबे, माँ का नाम हुलसी, पत्नी का नाम रत्नावली और जाति ब्राह्मण बताते हैं। अभुक्तमूल नक्षत्र में पैदा होने के कारण इनके माता-पिता ने अशुभ मानकर इनको छोड़ दिया। विद्वान संत भक्त नरहरिदास ने इनका पालन-पोषण किया। पत्नी रत्नावली से फटकार मिलने पर इनका मन लौकिक जीवन से विरक्त हो गया। तदनन्तर ये राम के अनन्य भक्त बन गये। राम के प्रति समर्पण और उन्हीं का गुणगान इनका मुख्य काव्य विषय रहा है। अयोध्या, चित्रकूट और काशी तुलसीदास के प्रिय स्थान रहे हैं। अयोध्या में ही सन् 1575 ई. में चैत्र मास की राम नवमी को तुलसीदास ने मानस की रचना प्रारम्भ की थी। भक्त माल के लेखक नाभादास जी ने गोस्वामी तुलसीदास को कलियुग का वाल्मीकि कहा है। स्मिथ ने इन्हें मुगलकाल का सबसे महान व्यक्ति तथा ग्रियर्सन ने बुद्धदेव के बाद सबसे बड़ा लोकनायक माना। नागरी प्रचारिणी सभा ने जो तुलसी ग्रन्थावली प्रकाशित की है, उसमें तुलसी विरचित बारह ग्रन्थों का उल्लेख है। आचार्य रामचन्द्र शुक्ल ने भी इन्हीं बारह ग्रन्थों को प्रामाणिक माना है। इन ग्रन्थों में रामचरितमानस, जानकी मंगल, पार्वती मंगल, रामाज्ञा प्रश्न, वैराग्य संदीपिनी, कवितावली, गीतावली, दोहावली, श्रीकृष्ण गीतावली, रामलला नहछू, बरवै रामायण और विनय पत्रिका के नाम आते

हैं। इन ग्रन्थों में रामचरितमानस, पार्वती मंगल और जानकी मंगल प्रबन्ध काव्य हैं तथा शेष सभी मुक्तक काव्य हैं। विनय पत्रिका, गीतावली, कृष्ण गीतावली, कवितावली की रचना ब्रज भाषा में हुई है और शेष सभी रचनाएँ अवधी भाषा में लिखी गयी हैं। कवितावली कवित्त, सवैया, छप्पय आदि छन्दों का संग्रह है। दोहावली भक्ति, नीति और वैराग्य विषयक 573 दोहों का संग्रह है। गीतावली लीला विषयक गीतों का संग्रह है। विनय पत्रिका विनय सम्बन्धी गेय गीतों का संग्रह है। विनय पत्रिका एक सफल गीति काव्य है। इसके पद शास्त्रीय रागों पर आधारित हैं। इस कृति में धनाश्री, रामकली, बसन्त, भैरव, सारंग आदि अनेक रागों का प्रभावी प्रयोग हुआ है। कवि कलियुग के पापों से त्रस्त होकर भगवान राम को एक अर्जी लिखते हैं। इसमें वे अपनी अकिंचनता, दीनता और दयनीयता का चित्रण करते हुए राम के वैभवशाली रूप का वर्णन करते हैं। रामाज्ञा प्रश्न ज्योतिष विचार सम्बन्धी रचना है। इसमें सात-सात दोहों के सात सप्तकों वाले सात सर्ग हैं। वैराग्य संदीपिनी संत महिमा संत स्वभाव और शान्ति का वर्णन करने वाली दोहा चौपाइयों में लिखित छोटी पुस्तिका है। बरवै रामायण में कुल 69 बरवै छन्दों में रामकथा कही गयी है। श्रीकृष्ण गीतावली में श्रीकृष्ण चरित सम्बन्धी गेय पद संगृहीत हैं। रामलला नहछू यज्ञोपवीत-विवाह आदि जैसे अवसरों पर गाये जाने वाले लोकगीतों की शैली में लिखित रामकाव्य है।

गोस्वामी तुलसीदास ने अपने समय में प्रचलित काव्य की हर शास्त्रीय और लोक शैली में काव्य रचना की है। सोहर जैसी लोक शैली को उन्होंने अद्‌भुत काव्य माधुर्य का वाहन बना दिया है। रामलला नहछू, जानकी मंगल और पार्वती मंगल में सोहर छन्द है। गीतावली, श्रीकृष्ण गीतावली और विनय पत्रिका गीत बन्ध परिपाटी की रचनाएँ हैं। कवितावली कवित्त सवैया पद्धति की रचना है। दोहावली फुटकर दोहों का संकलन है। रामचरितमानस में मुख्य छन्द चौपाई है। या बीच-बीच में दोहे, सोरठे, हरिगीतिका तथा अन्य छन्द भी आते हैं। हिन्दी महाकाव्यों में हर दृष्टि से रामचरितमानस एक सर्वश्रेष्ठ रचना है। भाषा की दृष्टि से तुलसीदास जी ने अवधी और ब्रज का प्रयोग किया है। तुलसीदास की कविता वस्तु पक्ष और भाषा-शैली पक्ष के दोनों रूपों में सबल और प्रौढ़ है। अपनी कविता में उन्होंने राम और रामभक्तों का जो चरित्र प्रस्तुत किया है, उसमें मानवता के उच्चतम आदर्शों की स्थापना हुई है। स्वामी, सेवक, भाई, माता, पिता, पत्नी, राजा, प्रजा के उच्चतम भारतीय आदर्शों का एकत्र सुखद साक्षात कराना ही तुलसीदास के काव्य का ध्येय रहा है। तुलसीदास निश्चय ही लोकनायक और महाकवि रहे हैं।

तुलसीदास

बालकाण्ड

राम-लषन जब दृष्टि परे, री।
अवलोकत सब लोग जनकपुर मानो बिधि बिबिधि बिदेह करे, री ॥1॥
धनुषजग्य कमनीय अवनि-तल कौतुकही भए आय खरे, री।
छबि-सुरसभा मनहु मनसिज के कलित कलपतरु रूप फरे, री ॥2॥
सकल काम बरषत मुख निरखत, करषत, चित, हित हरष भरे, री।
तुलसी सबै सराहत भूपहि भलै पैत पासे सुढर ढरे, री ॥3॥

नेकु, सुमुखि, चित लाइ चितौ, री।
राजकुँवर-मूरति रचिबेकी रुचि सुबिरंचि श्रम कियो है कितौ, री ॥1॥
नख-सिख-सुन्दरता अवलोकत कह्यो न परत सुख होत जितौ, री।
साँवर रूप-सुधा भरिबे कहँ नयन-कमल कल कलस रितौ, री ॥2॥

रामहि नीके कै निरखि, सुनैनी।
मनसहुँ अगम समुझि, यह अवसरु कत सकुचति, पिकबैनी ॥1॥
बड़े भाग मख-भूमि प्रगट भई सीय सुमंगल-ऐनी।
जो कारन लोचन-गोचर भइ मूरति सब सुखदैनी ॥2॥
कुलगुर-तियके मधुर बचन सुनि जनक-जुबति मति-पैनी।
तुलसी सिथिल देह-सुधि-बुधि करि सहज सनेह-बिषैनी ॥3॥

अयोध्याकाण्ड

माई री! मोहि कोउ न समुझावै।
राम-गवन साँचो किधौं सपनो, मन परतीति न आवै ॥1॥

लगेइ रहत मेरे नैननि आगे राम-लखन अरु सीता।
तदपि न मिटत दाह या उरको, बिधि जो भयो बिपरीता ॥2॥
दुख न रहै रघुपतिहि बिलोकत, तनु न रहै बिनु देखे।
करत न प्रान पयान, सुनहु, सखि! अरुझि परी यहि लेखे ॥3॥
कौसल्या के बिरह-बचन सुनि रोइ उठीं सब रानी।
तुलसिदास रघुबीर-बिरह की पीर न जाति बखानी ॥4॥

जब जब भवन बिलोकति सूनो।
तब तब बिकल होति कौसल्या, दिन दिन प्रति दुख दूनो ॥1॥
सुमिरत बाल-बिनोद राम के सुन्दर मुनि-मन-हारी।
होत हृदय अति सूल समुझि पदपंकज अजिर-बिहारी ॥2॥
को अब प्रात कलेऊ माँगत रूठि चलैगो, माई!।
स्याम-तामरस-नैन स्रवत जल काहि लेउँ उर लाई ॥3॥
जीवौं तो बिपति सहौं निसि-बासर, मरौं तौ मन पछितायो।
चलत बिपिन भरि नयन राम को बदन न देखन पायो ॥4॥
तुलसिदास यह दुसह दसा अति, दारुन बिरह घनेरो।
दूरि करै को भूरि कृपा बिनु सोकजनित रुज मेरो? ॥5॥

काहेको खोरि कैकयिहि लावौं?
धरहु धीर, बलि जाउँ तात! मोको आज बिधाता बावौं ॥1॥
सुनिबे जोग बियोग राम को हौं न होउँ मेरे प्यारे।
सो मेरे नयननि आगेतें रघुपति बनहि सिधारे ॥2॥
तुलसिदास समुझाइ भरत कहँ, आँसू पोंछि उर लाए।
उपजी प्रीति जानि प्रभुके हित, मनहु राम फिरि आए ॥3॥

भाई! हौं अवध कहा रहि लैहौं।
राम-लषन-सिय-चरन बिलोकन काल्हि काननहि जैहौं ॥1॥
जद्यपि मोतें, कै कुमाततें ह्वै आई अति पोची।
सनमुख गए सरन राखहिंगे रघुपति परम सँकोची ॥2॥
तुलसी यों कहि चले भोरही, लोग बिकल सँग लागे।
जनु बन जरह देखि दारुन दव निकसि बिहँग-मृग भागे ॥3॥

बिहारी लाल

बिहारी लाल रीतिकाल के सर्वाधिक लोकप्रिय कवि रहे हैं। बिहारी लाल का रीतिकाल की रीति सिद्ध काव्य धारा से सम्बन्ध रहा है। इनका जन्म संवत् 1652 (1595 ई.) में ग्वालियर के पास बसुआ गोबिन्दपुर गाँव के एक ब्राह्मण परिवार में हुआ था। इनके पिता का नाम केशवराय था। एक दोहे में बिहारी ने लिखा है–

जनमु ग्वालियर जानियै खण्ड बुन्देलै जान।
तरुनाई आई सुघर, बसि मथुरा ससुराल॥

इस दोहे से पता चलता है कि इनका जन्म बुन्देलखण्ड के ग्वालियर शहर में हुआ तथा यौवन में विवाहोपरान्त ये अपने ससुराल में रहने लगे। एक अन्य दोहे में अपनी जन्म तिथि का संकेत कूट शैली में किया है–

संवतु जुग सर रस सहित भूमि रीति गिनि लीन।
कातिक सुदिबुध अष्टमी, जन्म हमें विधि दीन॥

अतः जुग दो, सर-पांच (कामदेव) के सहित-छह भूमि एक। इस प्रकार 2561 की संख्या आती है। यदि इसे उल्टा कर दिया जाये तो 1652 बनता है। यह बिहारी का जन्म संवत् है। अपने वंश के विषय में बिहारी ने लिखा है–

प्रकट भये द्विजराज कुल, सुबस बसे ब्रज आई।
मेरौ हरौ कलैसु सबु, केसौ केसौ राई॥

इस दोहे से स्पष्ट होता है कि ये स्वयं ब्रज में आकर बस गये थे, तथा केशव इनके गुरु तथा केशवराय पिता थे। बिहारी का जन्म माथुर वंश में हुआ। वे माथुर चौबे थे। इनका बचपन बुन्देलखण्ड में बीता। जब बिहारी लाल सात-आठ वर्ष के थे, तभी इनके पिता ग्वालियर छोड़कर ओरछा चले गये। बिहारी लाल के एक भाई और एक बहन थी। इनका विवाह मथुरा के किसी ब्राह्मण की कन्या से हुआ था। बिहारी लाल ने रीति काव्य धारा के प्रवर्तक केशवदास से काव्य शिक्षा ली और काव्य ग्रन्थों, संस्कृत, प्राकृत भाषाओं का अध्ययन किया। उर्दू-फारसी का अध्ययन इन्होंने आगरा में किया। यहीं ये हिन्दी के मूर्धन्य नीतिकार कवि रहीम

के सम्पर्क में आये और उनके कृपा पात्र बने। बिहारी शाहजहाँ के कृपा पात्र भी रहे। संवत् 1675 में शाहजहाँ ने इन्हें अपना दरबारी कवि बनाया। बूंदी, जोधपुर जैसी कई रियासतों से इन्हें वृत्ति मिलती थी। जयपुर के महाराजा जयसिंह के दरबार में बिहारी राजकवि थे। इन्हें हर दोहे की रचना पर महाराज की ओर से एक अशर्फी मिलती थी। महाराज से पर्याप्त पुरस्कार और गाँव भी इन्हें मिले थे। बिहारी संभ्रांत संस्कारों और रसिक प्रकृति के विनोदी तथा व्यंग्य प्रिय व्यक्ति थे। साहित्य शास्त्र, ज्योतिष, व्याकरण, वैद्यक, दर्शन तथा राजनीति के अच्छे जानकार थे। राजा जयसिंह के आग्रह पर बिहारी ने अपनी रचना बिहारी सतसई लिखी। इसमें सात सौ तेरह मुक्तक दोहे तथा सोरठे संगृहीत हैं। इनके तीन कवित्त भी उपलब्ध हैं। इतनी कम रचना करके इतना अधिक सम्मान पाने वाला हिन्दी में दूसरा कवि नहीं है। बिहारी की मृत्यु संवत् 1720 वि. (सन् 1663 ई.) में हुई।

बिहारी रीतिकाल के प्रतिनिधि कवि रहे हैं। इनकी रचना मूलतः श्रृंगारिक है परन्तु इसमें भक्ति, नीति, अन्योक्ति, प्रकृति चित्रण आदि सभी विषयों पर लिखा है। सतसई का पहला दोहा कल्पना की समाहार शक्ति का सुन्दर उदाहरण है–

मेरी भव बाधा हरौ, राधा नागरि सोइ।
जा तन की झाँई परै, स्यामु हरित दुति होइ॥

यह दोहा कविवर बिहारी की सतसई के मंगलाचरण के रूप में देखा जा सकता है। कवि ने प्राचीन कवि परम्परा के अनुरूप अपने ग्रन्थ की निर्विघ्न समाप्ति के लिए श्री राधिका जी की स्तुति की है। बिहारी लाल के नीति परक दोहे केवल शुष्क तथ्य कथन नहीं हैं। राजा जयसिंह को लिखा यह दोहा उपदेशात्मक होकर भी काव्यात्मक है। यह दोहा राजा जयसिंह को कर्त्तव्य का स्मरण दिलाने के लिए भेजा गया था–

नहिं परागु, नहिं मधुर मधु, नहिं विकासु इहि काल।
अली, कली ही सौं बँध्यो, आगै कौन हवाल॥

बिहारी का कहने का ढंग बहुत ही निराला है। कई बार तो विनोद में ऐसी तीखी बात कह जाते हैं कि चमत्कार प्रिय पाठक मुग्ध हुए बिना नहीं रह पाता। कुटिल मन पर नियन्त्रण रखने के कारण का अनोखापन देखिए–

कोटि कुबत करी कुटिलता तजौं न दीनदयाल,
दुखी होहू गे सरस हिय बसत त्रिभंगी लाल।

बिहारी उपदेश और संदेश देने वाले दोहे भी लिखते हैं–

कनक कनक तें सौगुनी, मादकता अधिकाइ।
एहिं खाए बौराइ जग, वेहिं पाए बौराइ॥

बिहारी लाल रीतिकाल के सर्वश्रेष्ठ कवि रहे हैं। इन्होंने काव्य-सिद्धान्तों को आधार मानकर जो दोहे लिखे हैं, वे कला पक्ष में बेजोड़ हैं। 'बिहारी सतसई' के बारे में ठीक ही कहा गया है—

सतसैया के दोहरे, ज्यों नाविक के तीर।
देखन को छोटे लगें, घाव करें गम्भीर॥

बिहारी की भाषा शुद्ध और साहित्यिक ब्रज भाषा है। उनकी वाक्य रचना व्यवस्थित है। शब्दों के रूपों का व्यवहार एक निश्चित प्रणाली पर है। मुहावरों का इन्होंने सुन्दर प्रयोग किया है। इनकी भाषा विषय के अनुसार अपना रूप बदलती है। इनकी भाषा में पूर्वी प्रयोग भी मिलते हैं। अनुप्रास के आग्रहवश उसमें कहीं-कहीं खड़ी बोली के क्रियापद भी मिलते हैं। अनुप्रासों की योजना बिहारी ने बड़ी सावधानी से की है। वे हर शब्द को पूरी तरह तोल परख कर प्रयुक्त करते हैं। रूप-वर्णन, प्रेम-व्यापार वर्णन, नायिका-भेद, हाव-भाव, अनुमान-वर्णन, मिलन तथा विरह वर्णन में कवि को सफलता मिली है। आचार्य रामचन्द्र शुक्ल जी के शब्दों में बिहारी के दोहे रस के छींटे हैं। अपने इन्हीं सारे गुणों के कारण बहुत थोड़ा लिखकर बहुत बड़ा यश और स्थान महाकवि बिहारी लाल को प्राप्त हुआ है।

बिहारी के दोहे

तंत्रीनाद कबित्त रस, सरस राग रति रंग।
अनबूड़े बूड़े तरे, जे बूड़े सब अंग ॥1॥

कोरि जतन कोऊ करौ, परे न प्रकृतिहिं बीचु।
नल-बल जलु ऊँचैं चढ़ै, अंत नीच कौ नीचु ॥2॥

संगति सुमति न पावहीं, परे कुमति कैं धन्ध।
राखौ मेलि कपूर में, हींग न होइ सुगन्ध ॥3॥

नहिं परागु, नहिं मधुर मधु, नहिं बिकासु इहिं काल।
अली, कली ही सौं बँध्यौ, आगे कौन हवाल ॥4॥

कहै यहै श्रुति सुम्रत्यौ, यहै सयाने लोग।
तीन दबावत निसकहीं, पातक, राजा, रोग ॥5॥

घरु-घरु डोलत दीन है, जनु जनु जाचतु जाइ।
दियैं लोभ-चसमा चखनु, लघु पुनि बड़ौ लखाइ ॥6॥

कनक कनक तैं सौगुनौ, मादकता अधिकाइ।
उहिं खाएँ बौराइ इहिं पाएँ हीं बौराइ ॥7॥

सबै हँसत करतार दै, नागरता कैं नाँव।
गयौ गरबु गुन कौ सरबु, गएँ गँवारे गाँव ॥8॥

बहकि बड़ाई आपनी, कत राँचत मति-भूल।
बिनु मधु मधुकर कैं हियैं, गड़ै न गुड़हर फूल ॥9॥

सम्पत्ति केस सुदेस नर, नवत दुहुनि इक बानि।
बिभव सतर कुच नीच नर, नरम बिभव की हानि ॥10॥

त्रिलोचन

कवि त्रिलोचन को हिन्दी साहित्य की प्रगतिशील काव्यधारा का प्रमुख हस्ताक्षर माना जाता है। वे आधुनिक हिन्दी कविता की प्रगतिशील त्रयी के तीन स्तम्भों में से एक थे। इस त्रयी के अन्य दो स्तम्भ नागार्जुन व शमशेर बहादुर सिंह थे।

उत्तर प्रदेश के सुल्तानपुर जिले के कठघरा चिरानी पट्टी में जगरदेव सिंह के घर 20 अगस्त 1917 को जन्मे त्रिलोचन शास्त्री का मूल नाम वासुदेव सिंह था। उन्होंने काशी हिन्दू विश्वविद्यालय से एम.ए. अंग्रेजी में किया एवं लाहौर से संस्कृत में शास्त्री की डिग्री प्राप्त की थी।

उत्तर प्रदेश के छोटे से गाँव से बनारस विश्वविद्यालय तक अपने सफर में उन्होंने दर्जनों पुस्तकें लिखीं और हिन्दी साहित्य को समृद्ध किया। शास्त्री जी बाजारवाद के धुर विरोधी थे। हालाँकि उन्होंने हिन्दी में प्रयोगधर्मिता का समर्थन किया। उनका कहना था, भाषा में जितने प्रयोग होंगे वह उतनी ही समृद्ध होगी। शास्त्री जी ने हमेशा ही नवसृजन को बढ़ावा दिया। वह नये लेखकों के लिए उत्प्रेरक थे। जीवन के अन्तिम वर्ष उन्होंने अपने सुपुत्र अमित प्रकाश सिंह के परिवार के साथ हरिद्वार के पास ज्वालापुर में बिताए। अन्तिम वर्षों में भी काफी जीवन्त रहे। वार्धक्य ने शरीर पर भले ही असर डाला था। पर उनकी स्मृति या रचनात्मकता मंद नहीं पड़ी थी।

त्रिलोचन शास्त्री हिन्दी के अतिरिक्त अरबी और फारसी भाषाओं के निष्णात ज्ञाता माने जाते थे। पत्रकारिता के क्षेत्र में भी वे खासे सक्रिय रहे हैं। उन्होंने प्रभाकर, वानर, हंस, आज, समाज जैसी पत्र-पत्रिकाओं का सम्पादन किया।

त्रिलोचन शास्त्री 1995 से 2001 तक जन संस्कृति मंच के राष्ट्रीय अध्यक्ष भी रहे। इसके अलावा वाराणसी की ज्ञानमंडल प्रकाशन संस्था में भी काम करते रहे और हिन्दी व उर्दू के कई शब्दकोशों की योजना से भी जुड़े रहे। उन्हें हिन्दी सॉनेट का साधक माना जाता है। उन्होंने इस छन्द को भारतीय परिवेश में ढाला और लगभग 550 सॉनेट की रचना की। इसके अतिरिक्त कहानी, गीत, ग़ज़ल

और आलोचना से भी उन्होंने हिन्दी साहित्य को समृद्ध किया। उनका पहला कविता संग्रह 'धरती' 1945 में प्रकाशित हुआ था। 'गुलाब और बुलबुलए' उस जनपद का कवि हूँ, और 'ताप के ताये हुए दिन' उनके चर्चित कविता संग्रह थे। दिगंत और धरती जैसी रचनाओं को कलमबद्ध करने वाले त्रिलोचन शास्त्री के 17 कविता संग्रह प्रकाशित हुए।

त्रिलोचन शास्त्री को 1989-90 में हिन्दी अकादमी ने शलाका सम्मान से सम्मानित किया था। हिन्दी साहित्य में उत्कृष्ट योगदान के लिए उन्हें 'शास्त्री' और 'साहित्य रत्न' जैसी उपाधियों से भी सम्मानित किया जा चुका है। 1982 में 'ताप के ताए हुए दिन' के लिए उन्हें साहित्य अकादमी पुरस्कार भी मिला था।

9 दिसम्बर 2007 को गाजियाबाद में निधन।

आजकल लड़ाई का जमाना है

त्रिलोचन

आजकल लड़ाई का ज़माना है
घर, द्वार, राह और खेत में
अपढ़-सुपढ़ सभी लोग
लड़ाई की चर्चा करते रहते हैं

जिन्हें देश-काल का पता नहीं
वे भी इस लड़ाई पर अपना मत रखते हैं
रूस, चीन, अमरीका, इंगलैंड का
जर्मनी, जापान और इटली का
नाम लिया करते हैं
साथियों की आँखों में आँखें डाल-डाल कर
पूछते हैं, क्या होगा

कभी यदि हवाई जहाज ऊपर से उड़ता हुआ जाता है
जब तक वह क्षितिज पार करके नहीं जाता है
तब तक सब लोग काम-धाम से अलग हो कर
उसे देखा करते हैं

अण्डे, बच्चे, बूढ़े या जवान सभी
अपना-अपना अटकल लड़ाते हैं :
कौन जीत सकता है
कभी परेशान होकर कहते हैं :

आख़िर यह लड़ाई क्यों होती है
इससे क्या मिलता है

हाथ पर हाथ धरे हिन्दुस्तान की जनता बैठी है
कभी-कभी सोचती है : देखो, राम या अल्लाह
किसके पल्ले बाँधते हैं हम सब को
हिन्दुस्तान ऐसा है
बस जैसा-तैसा है

•

केदारनाथ सिंह

19 नवम्बर, 1934, चकिया (बलिया), उत्तर प्रदेश। आरम्भिक शिक्षा गाँव में, बाद की शिक्षा—हाईस्कूल से एम.ए. तक वाराणसी में। आधुनिक हिन्दी कविता में बिम्ब-विधान विषय पर सन् 1964 में पीएच.डी.।

विधिवत् काव्य-लेखन 1952-53 के आसपास शुरू किया। सन् 1954 में पाल एलुआर की प्रसिद्ध कविता स्वतन्त्रता का अनुवाद किया, जिसके जरिये नयी सौन्दर्य-दृष्टि और समकालीन काव्य-चेतना से पहला परिचय हुआ। कुछ समय तक बनारस से निकलनेवाली अनियतकालिक पत्रिका हमारी पीढ़ी से सम्बद्ध रहे।

पहला कविता-संग्रह अभी बिल्कुल अभी सन् 1960 में प्रकाशित। उसी वर्ष प्रकाशित तीसरा सप्तक के सहयोगी कवियों में से एक।

पेशे से अध्यापक। कार्यक्षेत्र का प्रसार महानगर से ठेठ ग्रामांचल तक। उदय प्रताप कॉलेज, वाराणसी; सेंट एण्ड्रयूज़ कॉलेज, गोरखपुर; उदित नारायण कॉलेज, पडरौना तथा गोरखपुर विश्वविद्यालय, गोरखपुर से सम्बद्ध रहे। सन् 1976 से 1999 तक जवाहरलाल नेहरू विश्वविद्यालय के भारतीय भाषा केन्द्र में अध्यापन और सम्प्रति उससे प्रोफेसर एमिरिटस के रूप में सम्बद्ध।

काव्यपाठ के लिए अमरीका, रूस, कजाकिस्तान, लन्दन, पेरिस, इटली आदि देशों की यात्राएँ।

अनेक पुरस्कारों से सम्मानित, जिनमें प्रमुख हैं : भारतीय ज्ञानपीठ पुरस्कार, साहित्य अकादेमी पुरस्कार, मैथिलीशरण गुप्त सम्मान (मध्य प्रदेश), कुमारन आशान पुरस्कार (केरल), दिनकर पुरस्कार (बिहार), जीवन भारती सम्मान (उड़ीसा), भारतभारती सम्मान (उत्तर प्रदेश), गंगाधर मेहर राष्ट्रीय कविता सम्मान (उड़ीसा), जाशुआ सम्मान (आन्ध्र प्रदेश), व्यास सम्मान आदि। अंग्रेज़ी, स्पेनिश, रूसी, जर्मन, हंगेरियन तथा प्रायः सभी प्रमुख भारतीय भाषाओं में कविताओं के अनुवाद। फ्रेंच तथा इतालवी में 'बाघ' शीर्षक लम्बी कविता के अनुवाद पुस्तकाकार प्रकाशित।

प्रकाशित कृतियाँ : अभी बिल्कुल अभी, ज़मीन पक रही है, यहाँ से देखो,

अकाल में सारस, उत्तर कबीर और अन्य कविताएँ, तॉलस्ताय और साइकिल, बाघ, सृष्टि पर पहरा तथा प्रतिनिधि कविताएँ (काव्य-संग्रह)। कल्पना और छायावाद, आधुनिक हिन्दी कविता में बिम्बविधान, मेरे समय के शब्द, कब्रिस्तान में पंचायत तथा मेरे साक्षात्कार (गद्य कृतियाँ)।

सम्पादित : ताना-बाना (आधुनिक भारतीय कविता से एक चयन), समकालीन रूसी कविताएँ, कविता दशक।

सम्प्रति : 'साखी' पत्रिका के प्रधान सम्पादक।

एक छोटा-सा अनुरोध

केदारनाथ सिंह

आज की शाम
जो बाज़ार जा रहे हैं
उनसे मेरा अनुरोध है
एक छोटा-सा अनुरोध
क्यों न ऐसा हो कि आज शाम
हम अपने थैले और डोलचियाँ
रख दें एक तरफ़
और सीधे धान की मंजरियों तक चलें

चावल ज़रूरी हैं
ज़रूरी है आटा दाल नमक पुदीना
पर क्यों न ऐसा हो कि आज शाम
हम सीधे वहीं पहुँचें
एकदम वहीं
जहाँ चावल
दाना बनने से पहले
सुगन्ध की पीड़ा से छटपटा रहा हो

उचित यही होगा
कि हम शुरू में ही
आमने-सामने
बिना दुभाषिये के

सीधे उस सुगन्ध से
बातचीत करें

यह रक्त के लिए अच्छा है
अच्छा है भूख के लिए
नींद के लिए

कैसा रहे
बाज़ार न आये बीच में
और हम एकबार
चुपके से मिल आयें चावल से
मिल आयें नमक से
पुदीने से
कैसा रहे
एकबार...सिर्फ़ एकबार...

नरेश सक्सेना

ग्वालियर में 16 जनवरी 1939 को जन्मे नरेश सक्सेना हिन्दी कविता के उन चुनिन्दा खामोश लेकिन समर्पित कार्यकर्ताओं की अग्रिम पंक्ति में हैं, जिनके बिना समकालीन हिन्दी कविता का वृत्त पूरा नहीं होता। वे विलक्षण कवि हैं और कविताओं की गहन पड़ताल में विश्वास रखते हैं, इसका एक सबूत ये है कि 2001 में वे समुद्र पर हो रही है बारिश के साथ पहली बार साहिबे-किताब बने और 80 की उम्र में अब तक उनके नाम पर बस वही एक किताब दर्ज है–इस पहलू से देखें तो वे आलोकधन्वा और मनमोहन की बिरादरी में खड़े नजर आयेंगे। वे पेशे से इंजीनियर रहे और विज्ञान तथा तकनीक की ये पढ़ाई उनकी कविता में भी समाई दीखती है। वे अपनी कविता में लगातार राजनीतिक बयान देते हैं और अपने तौर पर लगातार एक साम्यवादी सत्य खोजने का प्रयास करते हैं। कविता के लिए उनकी बेहद ईमानदार चिन्ता और वैचारिक उधेड़बुन का ही परिणाम है कि कई पत्रिकाओं के सम्पादक पत्रिका के लिए सार्थक कविताओं की खोज का काम उन्हें सौंपते हैं। कविता के अलावा उनकी सक्रियता के अनेक क्षेत्र हैं। उन्होंने टेलीविजन और रंगमंच के लिए लेखन किया है। उनका एक नाटक 'आदमी का आ' देश की कई भाषाओं गें पाँच हजार से ज्यादा बार प्रदर्शित हुआ है। साहित्य के लिए उन्हें 2000 का पहल सम्मान मिला तथा निर्देशन के लिए 1992 में राष्ट्रीय फ़िल्म पुरस्कार।

नरेश सक्सेना का १६ जनवरी १९३९ ग्वालियर, म. प्र. में।

कविताओं के अतिरिक्त नाटक, फिल्मों और सम्पादन के क्षेत्र में महत्त्वपूर्ण कार्य। सम्मिलित रूप से आरम्भ, वर्ष और छायानट साहित्यिक पत्रिकाओं का सम्पादन। पहली कविता 1958 में ज्ञानोदय में प्रकाशित तदुपरान्त कल्पना, ज्ञानोदय, धर्मयुग, साक्षात्कार, पहल, वसुधा, प्रयोजन, तद्भव आदि हिन्दी की सभी महत्त्वपूर्ण पत्रिकाओं में प्रकाशित। हिन्दी के अनेक प्रतिष्ठित संकलनों में चयनित एवं प्रकाशित।

आधा चाँद माँगता है पूरी रात

नरेश सक्सेना

पूरी रात के लिए मचलता है
आधा समुद्र

आधे चाँद को मिलती है पूरी रात
आधी पृथ्वी की पूरी रात
आधी पृथ्वी के हिस्से में आता है
पूरा सूर्य
आधे से अधिक
बहुत अधिक मेरी दुनिया के करोड़ों-करोड़ लोग
आधे वस्त्रों से ढाँकते हुए पूरा तन

आधी चादर में फैलाते हुए पूरे पाँव
आधे भोजन से खींचते पूरी ताकत
आधी इच्छा से जीते पूरा जीवन
आधे इलाज की देते पूरी फीस
पूरी मृत्यु
पाते आधी उम्र में।

आधी उम्र, बची आधी उम्र नहीं
बीती आधी उम्र का बचा पूरा भोजन
पूरा स्वाद
पूरी दवा
पूरी नींद

पूरा चैन
पूरा जीवन

पूरे जीवन का पूरा हिसाब हमें चाहिए

हम नहीं समुद्र, नहीं चाँद, नहीं सूर्य
हम मनुष्य, हम–
आधे चौथाई या एक बटा आठ
पूरे होने की इच्छा से भरे हम मनुष्य।

ज्ञानेन्द्रपति

ज्ञानेन्द्रपति का जन्म 01 जनवरी 1950 को ग्राम पथरगामा, झारखंड में हुआ। कविता के क्षेत्र में चर्चित कवि ज्ञानेन्द्रपति को वर्ष 2006 में 'संशयात्मा' शीर्षक कविता संग्रह पर साहित्य अकादमी पुरस्कार के अलावा पहल सम्मान, बनारसीप्रसाद भोजपुरी सम्मान व शमशेर सम्मान सहित अनेक प्रतिष्ठित सम्मान और पुरस्कार से विभूषित किया जा चुका है। ज्ञानेन्द्रपति की कुछ प्रमुख कृतियाँ—आँख हाथ बनते हुए, शब्द लिखने के लिए ही यह कागज बना है, गंगातट, संशयात्मा, भिनसार, पढ़ते-गढ़ते (कथेतर गद्य), कवि ने कहा(कविता संचयन) प्रकाशित हो चुकी हैं।

नदी और साबुन

ज्ञानेन्द्रपति

(एक)

नदी!
तू इतनी दुबली क्यों है
और मैली-कुचैली
मरी हुई इच्छाओं की तरह मछलियाँ क्यों उतराई हैं
तुम्हारे दुर्दिनों के दुर्जल में
किसने तुम्हारा नीर हरा
कलकल में कलुष भरा
बाघों के जुठारने से तो
कभी दूषित नहीं हुआ तुम्हारा जल
न कछुओं की दृढ़ पीठों से उलीचा जाकर भी कम हुआ
हाथियों की जल-क्रीड़ाओं को भी तुम सहती रहीं सानन्द
आह! लेकिन
स्वार्थी कारखानों का तेजाबी पेशाब झेलते
बैंगनी हो गयी तुम्हारी शुभ्र त्वचा
हिमालय के होते भी तुम्हारे सिरहाने
हथेली-भर की एक साबुन की टिकिया से
हार गयीं तुम युद्ध

(दो)

वह एक साबुन है
साबुन की एक साबुत बट्टी

रैपर से खुलकर
प्रस्तुत पड़ी
जल-डूबी घाट-सीढ़ी से ऊपर
सूखी घाट-सीढ़ी पर
एक नीली साबुन-बट्टी
वह एक बहुराष्ट्रीय कम्पनी का
बहुप्रचारित साबुन है
माया है कि तरहथ-भर की उसकी चौकोर निश्छाय काया की
बहुत लम्बी छाया है
विज्ञापन-फिल्मों में महाशक्तिशाली पुकारा जाने वाला
सुपरमैनी भुजमछलियों वाला
मैलासुर के लिए कराल कार्तिकेय स्वरूप
सांगीतिक से अधिक सांघातिक एक धमाके के साथ
स्क्रीनागमन का अभ्यस्त!
उसके दिव्य रूप को देख-देख
थकी नागरिक आँखों को
गंगा धो देती है
दरस से ही
लेकिन जब
गंगातीर
आ ही खड़ा हुआ है वह महावीर
दुर्दान्त कणों और कीटाणुओं को
झाग-बल से फूः कर
कपड़ों को उज्जर करने का दावेदार—
गंगा का जी कँपता है
इस बदहाली में भी उसके जल में
पलती हैं मछलियाँ
और उन मछलियों पर पलते हैं कछुए
जिनके बीच सख्तखोल घोंघे
कवचधारी घोंघे
तागों-सी पतली सफेद संवेदिकाएँ चलाते रहते हैं
और उनकी निश्चलता से बगैर टकराए

जल-सतह पर क्षिप्र घूमती रहती है एक भौंरी
बरसात के उद्दाम दिनों में
जब उनका मिथुनकाल होता है
तब दुहरी, वह एक भौंरी
अपने ऊपर नर को लादे
अपने चंचल परिभ्रमण में
रह-रह क्षणांश को रुकती
ओह! उनके लिए
गंगा का जी कँपता है
अपने जलजीवों के लिए
और अपने उन थलजीवों के लिए भी
जिनके कंठ की प्यास बुझाने से भी आगे बढ़कर
भीतर की कोई गहरी प्यास तिरपती रही है गंगा
और कल की उसकी अमरित-बूँद आज
चंगे को बीमार करने वाली
और बीमार के लिए तो
सचमुच मोक्षदा साबित होने वाली अकाल ही
पहाड़ की बेटी वह एक
दुखियारी महतारी है गंगा
उसका जी कँपता है डर से
उसकी प्रतिद्वन्द्वी हथेली-भर की वह जो साबुन की टिकिया है
इजारेदार पूँजीवाद की बिटिया है
उसका महाबली झाग उठने से पहले
गंगा के दिल में हौल उठता है
भयातंक की एक लहर
गंगालहरी में मिली जाती
एक झुरझुरी
एक अजीब ही वेदन-संवेदन
जिसका मापक यंत्र बन
कवि-वक्ष
एक सर्द आह का घर होता है उस पल

विश्वनाथप्रसाद तिवारी

1940 में कुशीनगर के रायपुर भैंसही-भेडिहारी गाँव में जन्मे विश्वनाथप्रसाद तिवारी एक लोकप्रिय शिक्षक भी रहे हैं। प्रो. तिवारी गोरखपुर विश्वविद्यालय के हिन्दी विभाग के अध्यक्ष पद से वर्ष 2001 में सेवानिवृत्त हुए।

विश्वनाथप्रसाद तिवारी साहित्य के अनवरत सहज साधक हैं। उन्होंने गाँव की धूल भरी पगडण्डी से इंग्लैण्ड, मारीशस, रूस, नेपाल, अमरीका, नीदरलैण्ड, जर्मनी, फ्रांस, लक्जमबर्ग, बेल्जियम, चीन, आस्ट्रिया, जापान और थाईलैण्ड की जमीन नापी है। इन्होंने उत्तर प्रदेश हिन्दी संस्थान के कई सम्मान हासिल किये। रूस की राजधानी मास्को में साहित्य के प्रतिष्ठित पुश्किन सम्मान से नवाजे गये। उन्हें उत्तर प्रदेश की सरकार ने शिक्षक श्री सम्मान दिया। उन्हें उत्तर प्रदेश हिन्दी संस्थान द्वारा साहित्य भूषण सम्मान, हिन्दी गौरव सम्मान, केन्द्रीय हिन्दी संस्थान द्वारा महापंडित सांकृत्यायन सम्मान, महादेवी वर्मा गोइन्का सम्मान, भारतीय भाषा परिषद् का कृति सम्मान मिल चुका है। उनके द्वारा सम्पादित पत्रिका 'दस्तावेज़' को सरस्वती सम्मान भी मिल चुका है।

रचनाएँ : उनका रचनाकर्म देश और भाषा की सीमाएँ तोड़ता है। उड़िया अनुवाद के रूप में इनकी कविताओं के दो संकलन प्रकाशित हुए। हजारी प्रसाद द्विवेदी पर लिखी इनकी आलोचना पुस्तक का गुजराती और मराठी भाषाओं में अनुवाद हुआ है। इसके अलावा रूसी, नेपाली, अंग्रेजी, मलयालम, पंजाबी, मराठी, बांग्ला, गुजराती, तेलुगु, कन्नड़, तमिल, असमिया व उर्दू में भी इनकी रचनाओं का अनुवाद हुआ है।

1978 से हिन्दी की साहित्यिक पत्रिका 'दस्तावेज़' का लगातार सम्पादन-प्रकाशन कर रहे हैं। 'दस्तावेज़' के लगभग दो दर्जन विशेषांक प्रकाशित हुए हैं, जो ऐतिहासिक महत्त्व के हैं। उनके शोध व आलोचना के 12 ग्रन्थ, 7 कविता संग्रह, 04 यात्रा संस्मरण, तीन लेखक-संस्मरण व एक साक्षात्कार पुस्तक प्रकाशित

हो चुकी है। उन्होंने हिन्दी के कवियों, आलोचकों पर केन्द्रित 16 अन्य पुस्तकों का सम्पादन किया है। उनकी डायरी (दिनरैन) तथा आत्मकथा (अस्त्रि और भवति) भी प्रकाशित हो चुकी हैं।

वर्तमान में विश्वनाथप्रसाद तिवारी साहित्य अकादेमी, नयी दिल्ली के अध्यक्ष हैं।

लड़ता हुआ आदमी

विश्वनाथप्रसाद तिवारी

एक गहरा काला अन्तरिक्ष
बढ़ता आ रहा है धीरे-धीरे
चमकदार कणों को आत्मसात् करते हुए
और काला करते हुए भूगोल को
एक भारी दबाव
तोड़ता जा रहा है धरती को
छोटे-छोटे अनगिनत टुकड़ों में
लम्बी होती जा रही हैं धीरे-धीरे
रात की खामोश बाँहें
और बढ़ते जा रहे हैं अन्धकार में
सधे हुए खूनी पंजे
आदमी घिर गया है चारों ओर आततायियों से
इस युद्धभूमि में बिल्कुल अकेला घिर गया है
चारों ओर
टैंको, तोपों, बमों
और विमानों की गड़गड़ाहट
जमीन और आसमान काँपते हैं
चारों ओर होते हैं भयंकर विस्फोट
जमीन से धूल के बगूले उठते हैं
आकाश विषैली गैसों से भर गया है
गोलियाँ दगतीं हैं अनवरत
संगीनें बढ़ती हैं
खून के धब्बे उभर जाते हैं

चारों ओर संशय, भय, तत्परता, लाघव
युयुत्सा और जिजीविषा
पीछा करती है अपनी ही छाया
अपना ही पदचाप जासूस हो गया है
जिन्हें खा लेनी चाहिए नींद की गोलियाँ
वे दाग रहे हैं गोलियाँ दनादन
और जिन्हें कर लेनी चाहिए
आत्महत्या
वे हत्या पर उतारू हैं
अन्धकार को छेद रही हैं संगीनें
सधे हुए खूनी पंजे
टटोल रहे हैं आदमी की गर्दन
हत्यारों की जाति एक ही है
और उनका जवाब नहीं
जो गर्दन भी टटोलते हैं
जेब भी
लेकिन चारों ओर से घिरा हुआ
आहत आदमी
अभी पराजित नहीं हुआ
वह लड़ रहा है
सभी मोर्चों पर एक साथ
अन्दर विश्वासघातियों से
और बाहर हत्यारों से
और चारों ओर गहरे काले अन्तरिक्ष से
उसे विश्वास है
एक दिन गोली बनाने वाले कारखाने
नींद की गोली बनाना शुरू करेंगे
और हत्यारे जो आज दाग रहे हैं गोलियाँ
एक दिन नींद की गोलियाँ खाकर आत्महत्या कर लेंगे।

उदय प्रकाश

जन्म : 1952, मध्य प्रदेश के शहडोल (अब अनूपपुर) जिले के गाँव सीतापुर में।

शिक्षा : सागर वि.वि. सागर और जवाहरलाल नेहरू विश्वविद्यालय, नयी दिल्ली में।

कार्य : जवाहरलाल नेहरू विश्वविद्यालय और इसके मणिपुर केन्द्र में लगभग चार वर्ष तक अध्यापन। संस्कृति विभाग, मध्यप्रदेश, भोपाल में लगभग दो वर्ष विशेष कर्तव्यस्थ अधिकारी। इसी दौरान 'पूर्वग्रह' का सहायक सम्पादन। नौ वर्षों तक टाइम्स ऑफ इंडिया के समाचार पाक्षिक 'दिनमान' के सम्पादकीय विभाग में नौकरी। बीच में एक वर्ष टाइम्स रिसर्च फाउंडेशन के स्कूल ऑफ सोशल जर्नलिज्म में अध्यापन। लगभग दो वर्ष पी.टी.आई. (टेलीविज़न) और एक वर्ष इंडिपेंट टेलीविज़न में विचार और पटकथा प्रमुख। कुछ समय 'संडे मेल' में वरिष्ठ सहायक सम्पादक रहे। इन दिनों स्वतन्त्र लेखन तथा फिल्म और मीडिया के लिए लेखन।

कृतियाँ : 'सुनो कारीगर', 'अबूतर-कबूतर', 'रात में हारमोनियम, 'एक भाषा हुआ करती है' 'नयी सदी के लिए चयन : पचास कविताएँ' (कविता संग्रह); 'दरियाई घोड़ा', 'तिरिछ', 'और अन्त में प्रार्थना', 'पॉल गोमरा का स्कूटर', 'पीली छतरी वाली लड़की', 'दत्तात्रेय के दुख', 'मोहन दास', 'अरेबा परेबा', 'मैंगोसिल' (कहानी संग्रह); 'ईश्वर की आँख', 'अपनी उनकी बात' और 'नयी सदी का पंचतन्त्र' (निबन्ध, आलोचना)।

अन्य भाषाओं में पुस्तकें : 'Short Shorts Long Shots', 'Rage Revelry and Romance' 'A Girl with Golden Parasol' (Awarded PEN grant, USA, 2005)(English), 'Goldene Gruentel' (German).

'पीली छतरी वाली लड़की' (उर्दू), 'तिरिछ अणि इतर कथा', 'अरेबा परेबा' (मराठी) 'मोहन दास' कन्नड़ में प्रकाशित, पंजाबी, उड़िया, अंग्रेजी में शीघ्र पुस्तकाकार प्रकाश्य।

अनुवाद : 'लाल घास पर नीले घोड़े' (मिखाइल शात्रेव के नाटक का अनुवाद और रूपान्तर), 'कला अनुभव' (प्रो. हरियन्ना की सौन्दर्यशास्त्रीय पुस्तक का अनुवाद), 'इन्दिरा गाँधी की आखिरी लड़ाई' (बी.बी.सी. संवाददाता मार्क टली-सतीश जैकब की किताब का हिन्दी अनुवाद), 'रोम्यां रोलां का भारत' (आंशिक अनुवाद और सम्पादन)।

पुरस्कार : भारत भूषण अग्रवाल पुरस्कार, ओमप्रकाश साहित्य सम्मान, श्रीकान्त वर्मा स्मृति पुरस्कार, मुक्तिबोध पुरस्कार, साहित्यकार सम्मान, हिन्दी अकादेमी, दिल्ली, रामकृष्ण जयदयाल सद्भावना सम्मान, पहल सम्मान, कथाक्रम सम्मान, पुश्किन सम्मान, द्विजदेव सम्मान, साहित्य अकादेमी पुरस्कार।

सरकारी कोयल

उदय प्रकाश

एक

हम कोयल हैं
सरकार के
हम साज़िंदे
दरबार के

हम आयेंगे चले जलसों-त्योहारो में
बुलाए बिन बुलाए
सेहरा पढ़ेंगे
गायेंगे सोहर
ठुमरी जगायेंगे।

हवा नहीं हो गये सुख-संविधान के दिन
नहीं चल रही है
लगातार हाहाकार जैसी
कोई काली आँधी
झूठ और अन्याय का अँधेरा
कहीं नहीं है
सामने बिल्कुल भी नहीं
घट रही है क्रूर आशंकाएँ।

भरोसा रखें
हम आयेंगे गाने लोरी

रतजगा में बैठेंगे ढोल-मंजीरे लेकर
कहरवा हमारे खून में है
चैन रखें
धरें धीरज।

सबकुछ शान्त है
सब कहीं
व्यवस्था है।
सब ठीक है।

यह संगीत है
और ये रंग हैं
कितना सुकून है यहाँ।
आयें कुछ देर कविता की छाँह में
हम आपके पापों को
कला के पवित्र जल से धो डालेंगे।

दो

हम कोयल हैं
सरकार के।
बत्तख के पैर जैसे ठंडे हैं
हमारे विचार।
निश्चिन्त रहें आप।

हम लेंगे बख़्शीश,
नज़र उतारेंगे,
ईनाम पायेंगे।
जहाँ भी जायेंगे
आपकी दुन्दुभी बजायेंगे।

कोई चिन्ता नहीं है हमें।

मंगलेश डबराल

मंगलेश डबराल समकालीन हिन्दी कवियों में सबसे चर्चित नाम हैं। इनका जन्म 16 मई 1948 को टिहरी गढ़वाल, उत्तराखण्ड के काफलपानी गाँव में हुआ था, इनकी शिक्षा-दीक्षा देहरादून में हुई। दिल्ली आकर हिन्दी पैट्रियट, प्रतिपक्ष और आसपास में काम करने के बाद वे भोपाल में मध्यप्रदेश कला परिषद्, भारत भवन से प्रकाशित साहित्यिक त्रैमासिक पूर्वाग्रह में सहायक सम्पादक रहे। इलाहाबाद और लखनऊ से प्रकाशित अमृत प्रभात में भी कुछ दिन नौकरी की। सन् 1983 में जनसत्ता में साहित्य सम्पादक का पद सँभाला। कुछ समय सहारा समय में सम्पादन कार्य करने के बाद आजकल वे नेशनल बुक ट्रस्ट से जुड़े हैं।

मंगलेश डबराल के पाँच काव्य संग्रह प्रकाशित हुए हैं। 'पहाड़ पर लालटेन', 'घर का रास्ता', 'हम जो देखते हैं', 'आवाज भी एक जगह है' और 'नये युग में शत्रु'। इसके अतिरिक्त इनके दो गद्य संग्रह 'लेखक की रोटी' और 'कवि का अकेलापन' के साथ ही एक यात्रावृत्त 'एक बार आयोवा' भी प्रकाशित हो चुके हैं।

दिल्ली हिन्दी अकादमी के साहित्यकार सम्मान, कुमार विकल स्मृति पुरस्कार और अपनी सर्वश्रेष्ठ रचना 'हम जो देखते हैं' के लिए साहित्य अकादमी द्वारा सन् 2000 में साहित्य अकादमी पुरस्कार से सम्मानित मंगलेश डबराल की ख्याति अनुवादक के रूप में भी है। मंगलेश की कविताओं के भारतीय भाषाओं के अतिरिक्त अंग्रेजी, रूसी, जर्मन, डच, स्पेनिश, पुर्तगाली, इतालवी, फ्रांसीसी, पोलिश और बुल्गारियाई भाषाओं में भी अनुवाद प्रकाशित हो चुके हैं। कविता के अतिरिक्त वे साहित्य, सिनेमा, संचार माध्यम और संस्कृति के विषयों पर नियमित लेखन भी करते हैं। मंगलेश की कविताओं में सामन्ती बोध एवं पूँजीवादी छल-छद्म दोनों का प्रतिकार है। वे यह प्रतिकार किसी शोर-शराबे के साथ नहीं अपितु प्रतिपक्ष में एक सुन्दर स्वप्न रचकर करते हैं। उनका सौन्दर्यबोध सूक्ष्म है और भाषा पारदर्शी।

घर

मंगलेश डबराल

यह जो हाथ बाँधे सामने खड़ा है घर है

काली काठ की दीवालों पर साँप बने हैं
जिन पर पीठ टेकने के निशान हैं
इनमें दीमकें लगी हैं
जो जब चलती हैं पूरा घर काँपता है

इसमें काठ का एक सन्दूक है
जिसके भीतर चीथड़ों और स्वप्नों का
एक मिला-जुला अन्धकार है
इसके पिता ने दादा से प्राप्त किया था
और दादा ने ख़ुद कमाकर
घर जब टूटेगा बक्स तभी उठेगा

कई बच्चे बड़े हुए इस घर में
गिरते-पड़ते आख़िरकार
खाने-कमाने की खोज में तितर-बितर होते हुए
यहाँ कुछ मौतें हुईं
कुछ स्त्रियाँ रोयीं इस तरह
कि बस इनका सुबकना सुनायी दे
कुछ बहुत पुरानी चीज़ें अब भी बजती हैं घर में

दिन-भर लकड़ी ढोकर माँ आग जलाती है

पिता डाकख़ाने में चिट्ठी का इन्तज़ार करके
लौटते हैं हाथ-पाँव में
दर्द की शिकायत के साथ
रात में जब घर काँपता है
पिता सोचते हैं जब मैं नहीं हूँगा
क्या होगा इस घर का।

कात्यायनी

7 मई 1959 को जन्मी कात्यायनी ने एम.ए., एम.फिल. (हिन्दी) तक शिक्षा प्राप्त की है। विगत 24 वर्षों से विभिन्न पत्र-पत्रिकाओं में राजनीतिक-सामाजिक-सांस्कृतिक विषयों पर स्वतन्त्र लेखन। लगभग सात वर्षों तक 'नवभारत टाइम्स' और 'स्वतन्त्र भारत' की संवाददाता के रूप में भी काम किया। सम्प्रति स्वतन्त्र लेखन।

कविताएँ हिन्दी की अधिकांश पत्र-पत्रिकाओं में प्रकाशित। कुछ कविताएँ अंग्रेजी, पंजाबी, मराठी, गुजराती में अनूदित-प्रकाशित। आधा दर्जन कहानियाँ प्रकाशित।

'चेहरों पर आँच', 'सात भाइयों के बीच चम्पा', 'इस पौरुषपूर्ण समय में', 'जादू नहीं कविता', 'फुटपाथ पर कुर्सी', 'राख अँधेरे की बारिश में' (सभी कविता संकलन), 'दुर्ग द्वार पर दस्तक' (स्त्री-प्रश्न विषयक निबन्धों का संकलन), 'षड्यंत्ररत् मृतात्माओं के बीच' (साम्प्रदायिक, फासीवाद, बुद्धिजीवी प्रश्न और साहित्य की सामाजिक भूमिका पर केन्द्रित निबन्धों का संकलन), 'कुछ जीवन्त, कुछ ज्वलन्त' (समाज, संस्कृति और साहित्य पर केन्द्रित निबन्धों का संकलन), 'प्रेम, परम्परा और विद्रोह' (शोधपरक निबन्ध) प्रकाशित।

समकालीन भारतीय स्त्री कवियों के पेंगुइन द्वारा प्रकाशित संकलन 'इन देयर ओन वॉयस' में कविताएँ शामिल।

क्रान्तिकारी वामपन्थी राजनीति से अनुप्रमाणित सामाजिक सक्रियता, सांस्कृतिक मोर्चे व नारी मोर्चे के साथ-साथ मजदूर मोर्चे पर भी सक्रिय।

एक ढलती सदी का सच

कात्यायनी

क़ानून
साफ़ गले से बोलता है,
संविधान
एक दार्शनिक चुप्पी में डूबा रहता है
और सत्ता
भाषा की शुद्धता का आग्रह करती है
जब लोग
मुँह खोलते हैं
तो गले से खून के थक्के बाहर आते हैं।
धीरे-धीरे वे पिघलते हैं
अनगढ़-से शब्दों में ढलते हुए।
अर्थ
हृदय तक प्रवाहित होते हैं।
यूँ एक सदी ढलती है।
क़ैदखानों में कारीगर
दिन गिनते हैं
रोशनदान से आती-जाती
रोशनी और अँधेरे की पारियाँ गिनते हुए।

अनामिका

17 अगस्त 1961 को मुजफ्फरपुर (बिहार) जन्मी, दिल्ली विश्वविद्यालय में अंग्रेज़ी पढ़ाते और कई छोटी-बड़ी, देशी-विदेशी गोष्ठियों में विश्व-साहित्य के अंतःपाठीय पक्षों पर बोलते हुए अनामिका ने अपने छह चर्चित उपन्यासों और सात पुरस्कृत काव्य-संकलनों में 'बिना दीवारों के घर' की नयी दृष्टि विकसित की है और ढेर सारे महत्त्वपूर्ण अनुवाद भी किये हैं!

प्रकाशित पुस्तकें : बिल्लू शेक्सपियर पोस्ट बस्तर, तिनका तिनके पास, अवान्तर कथा, दस द्वारे का पींजरा (उपन्यास), नयी सदी के लिए चयन : पचास कविताएँ, गलत पते की चिट्ठी, बीजाक्षर, अनुष्टुप, खुरदुरी हथेलियाँ, कविता में औरत, दूब-धान (कविता संग्रह), स्त्री-विमर्श का लोकपक्ष (स्त्री-विमर्श), पोस्ट वॉर विमेन पोएट्स, डन-क्रिटिसिज्म डाउन द एजिज़, स्त्रीत्व का मानचित्र, वेयर किंग फिशर्स कैच फायर (आलोचना), मन माँजने की जरूरत, पत्थर जो पानी पीता है (निबन्ध), कहती है औरतें (सम्पादित कविता संग्रह)।

अनामिका जी राष्ट्रभाषा परिषद् पुरस्कार, भारत भूषण अग्रवाल पुरस्कार, गिरिजा कुमार माथुर पुरस्कार, ऋतुराज सम्मान, साहित्यकार सम्मान जैसे अनेकानेक सम्मानों से सम्भावित हो चुकी हैं।

चन्द्रखिलौना

अनामिका

थपकियाँ देती हुई हमको
अकसर ही नानी
हमें भूलकर
जो-सो बतियाने लगती थी
बादलों के चाँद से–

जैसे कि गर्भिणी
धारण करती है अपना गर्भ–
तू पूरी पृथ्वी धारण कर, ऐ चाँद!
हे देवसोम! असूर्य,
उतर जलों के भीतर,
जैसे कि जल औषधियों में,
संकल्प मन में–उतर!
तू पूरी पृथ्वी धारण कर!

बचपन में सुनी हुई कुछ बातें
उतर रही हैं मन में
जैसे कि चाँद पानियों में,
जल औषधियों में, संकल्प मन में।

कहती थी नानी,
हृदय चाँद का घर है।
मगज में रहा करती है चिलचिलाहट, चकाचौंध

पर मन में झरता है निर्झर
अमृत का!

लम्बे चालीस बरस बीते
पर नानू, ऐसा मुझको
एक क्षण भी क्यों नहीं लगा?
तुम भी क्या खुद को बस यों ही बहलाती थीं?

खेलती थी देव-प्रतिमाओं से?
जी को खुश रखने को
ऐसे ही जोई-सोई कुछ-कुछ गाती थी?
जैसे कि गर्भिणी
पूरी समरसता से
धारण करती है अपना गर्भ
तुमने धारा कितना धीरज!

एकान्त श्रीवास्तव

8 फरवरी 1964, छुरा, जिला–रायपुर (छत्तीसगढ़) में जन्मे एकान्त श्रीवास्तव ने एम.ए., पीएच.डी. तक शिक्षा प्राप्त की है। इनकी मुख्य प्रकाशित कृतियाँ हैं :

कविता-संग्रह : अन्न हैं मेरे शब्द, मिट्टी से कहूँगा धन्यवाद, बीज से फूल तक, धरती अधखिला फूल है, नागकेसर का देश यह (लम्बी कविता), शेल्टर फ्रॉम दि रेन (अंग्रेजी में अनूदित कविताएँ)।

उपन्यास : पानी भीतर फूल।

आलोचना : बढ़ई, कुम्हार और कवि।

निबन्ध : कविता का आत्मपक्ष।

स्मृति कथा : मेरे दिन मेरे वर्ष।

अनुवाद : लोर्का, नाजिम हिकमत और कुछ दक्षिण अफ्रीकी कवियों की कविताओं का अंग्रेजी से हिन्दी अनुवाद।

सम्पादन : वागर्थ (मासिक साहित्यिक पत्रिका-नवम्बर 2006 से दिसम्बर 2008 तक तथा जनवरी 2011 से अब तक)

सम्मान : शरद बिल्लौरे सम्मान, रामविलास शर्मा सम्मान, ठाकुर प्रसाद सम्मान, दुष्यन्त कुमार सम्मान, केदार सम्मान, नरेन्द्र देव वर्मा सम्मान, सूत्र सम्मान, हेमन्त स्मृति सम्मान, जगत ज्योति स्मृति सम्मान, वर्तमान साहित्य का मलखान सिंह सिसौदिया कविता पुरस्कार।

विरुद्ध कथा

एकान्त श्रीवास्तव

पहले भाव पैदा हुए
फिर शब्द
फिर उन शब्दों को गाने वाले कंठ
फिर उन कंठों को दबाने वाले हाथ

पहले सूर्य पैदा हुआ
फिर धरती
फिर उस धरती को बसाने वाले जन
फिर उन जनों को सताने वाला तंत्र

पहले पत्थर पैदा हुए
फिर आग
फिर उस आग को बचाने वाले अलाव
फिर उन अलावों को बुझाने वाला इन्द्र

जो पैदा हुए, मरे नहीं
मारने वालों के विरुद्ध खड़े हुए
हम फूल थे
पत्थर बने
कड़े हुए
इस तरह इस धरती पर बड़े हुए।

❑❑